AF276922

**VARASEK
EDICIONES**

**POESÍA
VIAJES &
ROCK'N'ROLL**

JACK SPICER
(SELECCIÓN DE POEMAS)

Selección, traducción y prefacio
de Rafael Garido

WWW.VARASEKEDICIONES.ES

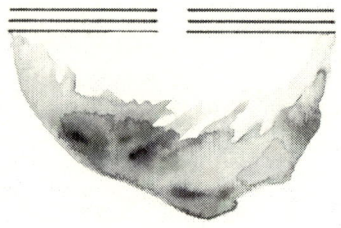

Two Islands

American Drawings / TAZ editores / Edición limitada (Wisconsin, 2016)

**VARASEK
EDICIONES
BUCCANEERS**

Jack Spicer - Selección de Poemas

© de la obra, Jack Spicer

© de la selección, traducción y prefacio, Rafael Garido

© de la presente edición y derechos en
castellano, Varasek Ediciones
C/Toledo, 73
28005 Madrid
www.varasekediciones.es

Dirección de Arte:
Beatriz Ruibal

Diseño de la colección:
Jaime Narváez

Maquetación:
Santamarina Diseñadores

1ª edición, Madrid, 2024
ISBN: 978-84-126955-8-8
D.L.: M-25054-2024

POESÍA

INDICE

Jack Spicer, o *"el sonido que el océano genera"*

"Lo que deslumbra hiere y sin embargo
es la herida quien presta su sangre y su dolor
a la visión más alta: deja huellas
el paisaje exaltado
el imborrable cerco de un orbe suplicante
que no se sabe si no es visto
y no se ve si no se sabe"

Aníbal Núñez

Por qué haber traducido entre todos los libros de Jack Spicer los cuatro incluidos en este volumen? Lo más simple sería responder que *Billy The Kid*[1], *El Santo Grial* y *Gólem* son los que más me conmovieron cuando empecé a leer a Spicer y que mi idea inicial era traducir únicamente estos tres libros. Poco a poco mi interés por la poesía de Spicer fue extendiéndose al resto de su obra y, de hecho, contemplé en un momento dado la posibilidad de traducir *Language* y *Book of Magazine Verse*, los dos últimos de su bibliografía. Finalmente preferí dejar dichas traducciones para otra ocasión, si esta se presenta. Sin em-

---

[1] Existe una traducción española de Martín Rodríguez-Gaona: *A la manera de Lorca y otros poemas*, Salto de página, 2018. El libro incluye también las traducciones de *After Lorca* y de las *Imaginary Elegies* así como versiones de varios poemas sueltos.

bargo, visto lo que Daniel Katz escribe en el capítulo titulado "From Mythopoetics to pragmatics"[2], de su libro *The Poetry of Jack Spicer*, sobre las relaciones existentes entre *Una carretilla roja* y *El Santo Grial*, acabó pareciéndome conveniente incluir una traducción del primero. En efecto, según Katz ambos forman una especie de díptico: si *Una carretilla roja*, que toma su título del poema de Williams Carlos Williams *The Red Wheelbarrow* (*La carretilla roja*) incluido en su libro *Spring, and all*, (1922), establece un diálogo con la poética de Williams; *El Santo Grial* lo hace con la obra de T.S. Eliot, más concretamente con *La Tierra Baldía* (1922) y con su ensayo "Ulysses, Order, and Myth" (publicado en 1923). Escribe Katz: "*Una carretilla roja* y *El Santo Grial* se prestan a ser leídos como libros complementarios [...] en los que [Spicer] se enfrenta a los dos poetas americanos de la generación precedente que eran probablemente más importantes para él, y los hace en cierto modo colisionar, exponiendo la leyenda artúrica a lo coloquial y a la cultura de masas, y sumergiendo el objetivismo de Williams en alusiones clásicas."[3] Incluir una traducción de *Una carretilla roja* era además coherente a nivel cronológico, puesto que este último, el *Santo Grial*

---

[2] Daniel Katz, *The poetry of Jack Spicer*, Edinburgh, Edinburgh University Press, 2013, pp. 114-139.
[3] *Ibid.*, p. 117, salvo indicación todas las traducciones son mías.

y *Gólem* se suceden en la bibliografía de Spicer. Reunirlos en un solo volumen acaso permita al lector verificar (o refutar) lo que Spicer escribió en una carta inédita a Robin Blaser en 1958 : "Cada uno de mis libros (empezando por *Las Elegías*) contradice el precedente, construye un mundo y una estética que le son propias. Cada uno ha sido escrito por un poeta diferente, no se trata de un progreso sino de una transformación."[4] Añadir que la selección me parece coherente. Como lo dejan entrever los títulos, *Billy The kid*, *Una carretilla roja*, *El Santo Grial* y *Gólem* parten de una materia literaria previamente existente: los mitos y leyendas asociados a Billy The Kid y la conquista del Oeste Americano en el caso del primero; el poema y la poética de Williams en el del segundo; la Materia de Bretaña (y más particularmente la versión que Thomas Malory propone ya en el siglo XV de la leyenda del Grial en *Le Morte d'Arthur*) en el del tercero; y en el del cuarto la leyenda hebraica del Gólem, figura informe que aparece por primera vez en *El libro de los salmos 139,16* (« Yo no era más que un Gólem y tus ojos me vieron ») y que reaparece en los relatos Cabalísticos de la Edad Media[5].

---

[4] Citado en Daniel Katz, *op. cit.*, p. 63.
[5] Con una particular intensidad en la leyenda del Rabbi Loew, Maharal de Praga, que data del siglo XVI. En ella el rabino amasa un Gólem

Legendario puede ser considerado también el nacimiento de Spicer según el propio Spicer. Contra la realidad defendida por el registro civil de la ciudad de Los Ángeles, que fecha el nacimiento de John Lester Spicer, hijo de John Lovely Spicer y de Dorothy Clause (que habían llegado a Hollywood desde el medio-oeste estadounidense y trabajaban en el negocio hotelero) el 30 de enero de 1925, el poeta afirmaba haber nacido (o renacido) en 1946, al conocer a los poetas Robin Blaser y Robert Duncan.[6] En efecto, tras graduarse en el instituto Fairfax y estudiar dos años en la universidad de Redlands, situada en el condado de San Bernardino, Spicer se traslada a Berkeley en 1945 para proseguir su bachiller en le-

---

(del hebreo *g'lem*, substantivo que designa una masa amorfa, arcillosa, y que remite a las nociones de cuerpo larvario o embrión, pupa de insecto, huevo indeterminado) con el objetivo de proteger su comunidad de los pogromos antisemitas. Para insuflarle la vida, el rabino escribe sobre la frente del Gólem la palabra "Emet", que es uno de los nombres de Dios y quiere decir en hebreo "Verdad". Sin embargo el Gólem acaba por convertirse en una amenaza para la comunidad misma que debía proteger. Para destruir su diabólica creación, el rabino urde un plan para borrar la primera letra de la palabra "Emet". En hebreo, dicha la letra es "Alef". Borrada ésta, queda sobre la frente del monstruo la palabra "Met", que en hebreo significa "muerte".

[6] Sobre la vida de Spicer ver: Lewis Ellingham y Kevin Killian, *Poet Be Like God*, Middletown, Wesleyan University Press, 1998 ; y la introducción y la cronología incluidas en *My Vocabulary Did This to Me, The Collected Poetry of Jack Spicer*, edición establecida por Peter Gizzi y Kevin Killian, Middletown, Wesleyan University Press, 2008.

tras en la Universidad de California. Se encuentra con Robin Blaser en el campus de la universidad, que estaba en aquel momento en plena efervescencia política, con activistas de varias tendencias de la izquierda radical. Spicer empieza a frecuentar el círculo de Kenneth Rexroth, poeta y crítico, que será una figura importante de la *San Francisco Renaissance* durante los años 50. Militante muy activo en grupos libertarios y anarquistas de San Francisco desde los años 30, Rexroth organizaba a menudo reuniones y debates políticos. Es al salir de una reunión en casa de Rexroth a la que ambos habían asistido que Spicer se encuentra con Robert Duncan en 1946. Spicer, Duncan y Blaser traban amistad. Se forma así el núcleo del llamado Renacimiento de Berkeley[7] (*Berkeley Renaissance*). Durante estos años de formación, el medievalista Ernst Kantorowicz, profesor en Berkeley, fue una figura de gran importancia para Spicer, Duncan y Blaser. Futuro autor de *Los dos cuerpos del rey. Un estudio de teología política medieval*, Kantorowicz había formado parte del círculo de Stefan George en Alemania, de la que había huido en los

---

[7] Entre los poetas de la *Berkeley Renaissance* habría que citar también a Tom Parkinson, Leonard Wolf, Jo Fredman y Hugh O'Neill. El grupo lleva a cabo ejercicios de escritura colectiva. Así en 1946 Spicer, Duncan, Blaser, Fredman y O'Neill escriben juntos "Canto for Ezra Pound" y se lo envían al poeta encerrado en el St. Elisabeht's Hospital, en Washington.

años treinta, tras la llegada de Hitler al poder. Según Robin Blaser: "Kantorowicz fue de una gran importancia para nosotros tres. Nos dio acceso a la historia. La capacidad de pensar desde una perspectiva histórica [...] De ahí salen las *Medieval Scenes* de Duncan y, por supuesto, *The Venice poem*. Kantorowicz fue crucial para que nos opusiésemos a esa cosa tan americana de dejar de lado la historia y pretender que no hay nada más que cierta forma de progreso."[8]

Spicer había empezado a escribir poesía durante su adolescencia. Sus padres, según le dijo a Josephine Miles, poeta y profesora de Spicer durante sus años como estudiante en Berkeley, leían asiduamente, aunque "de un modo inocente y sin capacidad crítica", a los poetas imagistas (Amy Lowell, Carl Sandburg, H.D., Ezra Pound) y admiraban la obra de Vachel Lindsay, fundador de la "poesía cantada" (singing poetry[9]), cuyo poema titulado "The chinese nightingale" (1917) fue memorizado por Spicer durante su infancia, junto con algunos versos de los grandes autores del *nonsense* inglés: Lewis Carroll y Edward

---

[8] Citado por Lewis Ellingham y Kevin Killian en *Poet Be Like God*, p. 20.
[9] Vachel Lindsay, que declamaba sus poemas sobre los escenarios, fue extremadamente popular durante los años 20 y 30. La "poesía cantada" insistía particularmente en la sonoridad de la lengua y en su carácter perfomativo.

Lear. A los 14 años, Spicer lee a Oscar Wilde, A.E. Housman, Rimbaud y Emily Dickinson. Más tarde, hacia los veintiuno, descubre la poesía de T.S. Eliot, Dylan Thomas, Gertrude Stein, Edith Sitwell, Stefan George... Pero Spicer se nutre también de cultura popular. Si durante su infancia había sido un asiduo de los seriales radiofónicos, que marcaron profundamente su imaginario poético (como veremos más adelante al hablar de la noción de "dictado poético", Spicer compara al poeta con una radio), durante los años cuarenta Spicer frecuenta las salas de concierto en que puede escucharse a figuras del jazz como Art Tatum, Billy Holliday o Charlie Parker. En este sentido, cabe señalar que en "El poeta y la poesía" (1949) Spicer escribe: "Lo cierto es que la poesía pura aburre a todo el mundo. Es un aburrimiento incluso para el poeta. La única contribución real de los Nuevos Críticos consiste en haber demostrado esto perfectamente. Han cogido la poesía (que había ya sido separada de su principal fuente de interés — la voz humana) y han acabado de despojarla de toda conexión con la persona, el lugar y el tiempo. Lo que queda orgullosamente exhibido en sus ensayos no es sino el insulso horror de la poesía pura. [...] La poesía requiere una voz humana que la cante y una audiencia que la escuche. [...] Orfeo era un cantante. Las alabanzas que suscitó no se debían al hecho de que sus poemas fueran bellos en y por sí mismos. No había Nuevos Críticos por aquel entonces. Lo que se alababa en él era su capacidad de conmover con sus canciones a audiencias imposibles — árboles, animales salvajes, o al mismo rey del infierno. [...] Hace treinta años, Vachel Lindsay se dio cuenta de que la poesía debía conectarse al vodevil para recuperar su voz. (Shakespeare, Webster y Marlowe lo habían descubierto tres siglos antes que él). El desafío al que hoy nos enfrentamos consiste en restablecer dicha conexión, recuperar nuestras voces. Tenemos que convertirnos en cantantes, en 'entertainers'. [...] Hay más de Orfeo en Sophie Tucker[10] que en R.P. Blackmur[11]; y más lecciones que extraer de George M. Cohan[12] que de John Crowe Ransom[13]."[14]

Durante el periodo que va de 1945 a 1950 Spicer escribe principalmente poemas aislados, a menudo de tono

---

[10] Cantante y actriz estadounidense de origen ucraniano. Nació en 1887 y falleció en 1966. Apodada *The Last of the Red Hot Mamas* y conocida por su interpretación de canciones cómicas y subidas de tono, fue una de las artistas más populares de los Estados Unidos durante la primera mitad del siglo XX.
[11] Crítico literario (1904-1965). Precursor de la "Nueva Crítica", su libro *The double agent*, aparece en 1935. A partir de los años 40, enseñó en la universidad de Princeton.
[12] Dramaturgo, compositor y productor teatral (1878-1942). Considerado como uno de los padres de la comedia musical estadounidense.
[13] Poeta y crítico literario (1888-1974). Fue uno de los fundadores de la llamada « Nueva crítica », que toma su nombre del libro publicado por Ransom en 1941, *The new criticism*.
[14] *The House That Jack Built: The collected Lectures of Jack Spicer*, edición establecida por Peter Gizzi, Middletown, Wesleyan University Press, 1998, p. 230.

elegíaco e intensamente homoeróticos. En ellos se esbozan ya algunos de los rasgos característicos de su obra de madurez, entre los que cabe destacar el recurso a la mitología y la presencia de ciertos motivos recurrentes (el cuerpo, la palabra, los héroes y el eros, el océano, California, los mapas, etc.). En "A Lecture in Practical Aesthetics"[15], que se abre con Wallace Stevens "vestido de marinero" y pertrechado de "un casco" "entrando en una habitación / un domingo por la mañana temprano", Spicer asimila su trabajo de poeta-lector al de un geógrafo-caníbal ("Un geógrafo, Señor Stevens, prueba las islas / Encuentra en este macro-canibalismo su propio microcosmos") cuya misión es explorar los ignotos mares de lo real y cartografiar las islas de la tradición literaria ("Es usted, Señor Stevens, una isla en nuestro océano, acaso rara / Ciertamente cubierta de una vegetación lujuriosa"; "por otro lado, Señor Stevens, cualquier isla en nuestro mar / necesita un geógrafo"). Dicho trabajo resulta en un "mapa engañoso", "un condado fosilizado en símbolos [a county stiffened into symbols]". El tema de la fosilización, petrificación, congelación del mundo y su fluir al ser transpuesto en signos será una constante en la obra de Spicer, que no cesará en sus tentativas de llevar el lenguaje a su punto de fusión

---

[15] *My Vocabulary Did This to Me*, pp. 14-15.

(o fisión) y encuentro con el magma de lo real. Pero la del geógrafo-caníbal no es la única figuración del poeta que puede encontrarse en los primeros poemas de Spicer. "Cualquier idiota puede meterse en un océano / Pero hace falta una Diosa / Para salir de él. / Lo que es cierto de los océanos lo es también, por supuesto, / de laberintos y poemas. [...] / Cualquier griego puede meterte en un laberinto / Pero hace falta un héroe para salir de él / Lo que es cierto de los laberintos lo es también por supuesto / del amor y la memoria. Cuando empiezas a recordar" puede leerse en "Any fool can get into an ocean"[16], poema que partiendo de una cita de Robert Frost ("cualquier maldito idiota puede meterse en un poema..."[17]) y entrelazando alusiones al nacimiento de Venus-Afrodita, al episodio de Teseo en el laberinto y a las musas (hijas de la memoria), asimila el proceso de creación poética a un movimiento (heroico y erótico) en dos tiempos, el primero de descenso (catábasis) hacia las profundidades del océano, el deseo (Ariana) y la memoria, y el segundo de ascenso (anábasis)

---

[16] *Ibid.*, p. 23.

[17] Ver el último poema del *Helen: A Revision*, libro escrito por Spicer en 1960: "Hace años un amable profesor de Inglés me contó que una vez Robert Frost dijo en un momento de visión absoluta, 'Cualquier maldito idiota puede meterse en un poema pero hace falta un poeta para salir de él.' / Yo confundí aquello con la sexualidad y lo creí." *My Vocabulary Did This to Me*, p. 245.

hacia la superficie, la conciencia, la palabra. Algo análogo sucede en "A Portrait of the Artist as a Young Landscape"[18]. Dividido en tres secciones, el poema se abre con un prólogo que sitúa al lector a orillas de un océano ("Mira la puesta del sol sobre la playa como otros hicieron. Las olas / Curvadas e infatigables como prudentes guadañas, como crepusculares segadoras") que, bajo el influjo lunar, va progresivamente anegando la costa: "Miro, como otros miraron, pero no puedo tenerme / Donde otros se tuvieron; pues sólo hay agua hoy / Allí donde Arnold, Lear o Safo se tuvieron." Desde esta "orilla en retirada", el poema nos proyecta hacia el pasado en las dos secciones siguientes (*I. El Océano Índico: Rimbaud*; *II. El Océano Atlántico: Hart Crane*), que elaboran una suerte de genealogía poética (cabe señalar que tanto Rimbaud como Crane eran homosexuales) marcada por naufragios o inmersiones sucesivas ("Miré y vi a un marinero flotando en el mar / Y me derretí antes de que se ahogara" ; "En el fondo de la mente hay un océano / Querría hundirme en él, encontrar en él mis fuentes. Entregarme a la marea / Y encontrar en él mis fuentes. [...] En el fondo de la mente hay un océano y debajo, / los granos de arena madurados

---

[18] *Ibid.*, pp. 6-10. El título establece un juego intertextual con *Portrait of the artist as a young man*, de Joyce y con *Portrait of the artist as a young dog*, de Dylan Thomas.

por el mar y las tierras que éste se tragó, / Las estatuas, y los límites y los fantasmas") ; para volver sobre sí mismo y su presente constantemente anticipado y demorado en la tercera sección (cuyo título, *III. El Océano Pacífico*, la sitúa en la costa californiana): "pues fui yo quien murió / Con cada marea. / Yo soy la tierra. / Fui el mar. / Cada grano de arena / Estará con nosotros / Si estamos muertos." Este movimiento en dos tiempos se esboza también en los poemas de este periodo en los que Spicer recurre al mito de Orfeo para tratar de definir la labor del poeta, que aparece a un tiempo como taumaturgo y mediador entre el mundo de lo(s) vivo(s) y lo(s) muerto(s): "Entonces yo, cantante y cazador, pesqué / En corrientes demasiado profundas para el amor [...] Yo, Orfeo, hice emerger a un dios acuático / que vertió una lágrima de miel"[19]; "Cuando trajo por primera vez su música al infierno / Estaba él absurdamente confiado. / Pese al ruido de los informes fuegos / y la quejosa gramola de los condenados / Alcanzaban a oírlo algunos de ellos [...] Probó con una vieja canción pero el dolor / Gritaba en la gramola y el radiante fuego / desollaba las caras y él oyó una voz que decía, 'Orfeo!' [...] / Recordaría más tarde todas esas voces muertas / Y las llamaría Eurídice."[20] Llama la atención

---

[19] *Ibid.*, "Orpheus after Eurydice", p. 19.
[20] *Ibid.*, "Orpheus in Hell", p. 18.

aquí la aparición del término "gramola" ("jukebox" en el original), que, evocando los bares y salas de concierto en que se desarrolla buena parte de la vida social de Spicer y sus contemporáneos durante los años 40 y 50, confiere al infierno un aire marcadamente *prosaico*. De finales de los años 40 datan también "Psychoanalysis: An Elegy"[21], uno de los primeros poemas de la obra de Spicer en que hace aparición el paisaje californiano ("Estoy pensando en un verano precoz / Estoy pensando en colinas húmedas bajo la lluvia / Desbordantes de agua. Derramándola / Por hectáreas vacías de robles y manzanitas / Hacia los viejos matorrales verdes encendidos por el sol, / chaparral, salvia y mostaza primaveral. / O el viento caliente que baja desde Santa Ana / Enloqueciendo a las colinas") y las tres primeras *Elegías Imaginarias* (a las que seguirán otras tres escritas durante los años 50[22]). Spicer empieza a explorar en ellos la posibilidad de trabajar con formas procesuales y abiertas ("Me gustaría escribir un poema tan largo como California / Y lento como el verano", "Estoy pensando que un poema podría prolongarse eternamente", puede leerse en "Psychoanalysis: An Elegy"), y en este sentido anuncian la composición serial que caracterizará su obra a partir de mediados de los años 50.

---

[21] *Ibid.*, pp. 31-33.
[22] La cuarta fue escrita en 1955, y la quinta y la sexta hacia 1959.

En 1947 Spicer obtiene su bachicher en letras y prosigue sus estudios de postgrado. En Otoño se instala en 2918 McKinley St., una pensión en la que viven también los poetas Philip Lamantia, Gerald Ackerman, Robert Duncan y el joven novelista de ciencia ficción Philip K. Dick. Tras cinco años estudiando en Berkeley, Spicer obtiene su maestría en 1950, pero ha de renunciar a su doctorado y a un puesto como profesor tras negarse a firmar el "juramento de lealtad" (*loyalty oath*), como lo exigía la *Levering Act*. Vigente desde 1942, este ley, que obligaba a todos los funcionarios a jurar lealtad al estado de California, había sido enmendada en 1949 para incluir una cláusula anti-comunista, lo cual lleva a Spicer y a varios profesores de Berkeley (Kantorowicz entre ellos) a negarse a firmar el juramento. Son los primeros años de la Guerra Fría y del Mccarthysmo. Spicer acepta un puesto de profesor en la universidad de Minnesota. Pasa dos años enseñando en este estado de la Región de Los Grandes Lagos. En 1952 el Tribunal supremo del Estado de California se pronuncia a favor de los profesores expulsados de la institución universitaria por no haber firmado el "juramento de lealtad"[23]. La mayor parte de ellos reintegra el cuerpo docente. Spicer regresa entonces a California. Ejerce

---

[23] La *Levering Act* no será declarada inconstitucional hasta 1967.

como profesor en Berkeley durante un año. A finales de 1953 pasa a ejercer como profesor de humanidades en la California School of Fine Arts de San Francisco[24]. En este centro establece amistades con varios artistas visuales, Wally Hedrick, Deborah Remington, John Pigan, Hayward King y David Simpson entre ellos, con los que Spicer se asocia para abrir la 6 Gallery en la calle Fillmore. Es en esta galería donde, el 7 de octubre de 1955 (Spicer acababa de marcharse a Nueva York), Allen Ginsberg lee por primera vez en público su poema *Howl*, durante una velada en la que intervienen también Kenneth Rexroth, Michael McClure, Gary Snider, Philip Whalen y Philip Lamantia. En paralelo a su actividad docente, Spicer había integrado en febrero de 1953 la Mattachine Society, una grupo de liberación gay fundado por militantes comunistas. Su implicación en la Mattachine sólo duró de febrero a septiembre, pero Spicer fue un miembro muy activo en la célula de Berkeley-Oakland durante esos meses. Cabe señalar que Duncan y Blaser eran también gays. En 1944, Robert Duncan había publicado un ensayo seminal titulado "El homosexual en la sociedad", cuya influencia sobre Spicer parece demostrada[25]. Las cuestiones abordadas por Duncan en dicho ensayo (en particular sus consideraciones

---

[24] El actual San Francisco Art Institute.
[25] Ver al respecto Daniel Katz, *op. cit.*, pp. 80-83.

sobre las persecuciones y las excomuniones sufridas por los homosexuales) cobraban una particular relevancia en el contexto del Mccarthysmo. De hecho en 1949, Duncan, Spicer y Blaser, que habían promovido la organización de talleres de escritura en la Universidad de Berkeley y participaban activamente en la revista asociada *Literary Behavior*, habían asistido a una brusca intervención por parte de la administración del establecimiento, cuyos dirigentes se sentían escandalizados ante la homosexualidad asumida de los participantes y de los contenidos. Resultado de dicha intervención: la supresión tanto de los talleres como de la revista.

Durante el verano de 1955, Spicer, que ha sido despedido de la California School of Fine Arts, atraviesa de oeste a este los EEUU para instalarse en Nueva York. Entra allí en contacto con varios poetas: Franck O'Hara, Barbara Guest, John Ashbery, James Schuyler, Joe LeSueur. Sin embargo la escena neoyorquina lo decepciona rápidamente. En una carta dirigida a su amigo Allen Joyce durante este periodo, Spicer escribe: "Como la mayor parte de las culturas primitivas, Nueva York no es sensible al sinsentido. A lo más que llega es al ingenio. Es eso lo que más echo en falta, aparte de ti, y es lo que lentamente está despedazando mi identidad. Nadie habla Marciano, la gente no se insulta arbitrariamente, por decirlo de un modo simple, no hay violencia en los espíritus ni en los corazones, nadie grita en el ascensor."[26] En noviembre Spicer se traslada a Boston, donde gracias a Robin Blaser ha obtenido un puesto de trabajo en la Boston Public Library Rare Book Room. En Boston, Spicer frecuenta a los poetas John Wieners, Joe Dunn y Stephen Jonas. Es este un periodo clave en la evolución de su poesía. Como señala Peter Gizzi: "El año que Spicer pasa en el Este, primero en Nueva York y luego en Boston, conlleva un giro decisivo en su poética al galvanizar una estética y una serie de lealtades personales fundadas en su identificación con la Costa Oeste. [...] Para Spicer, la Costa Este Americana es la tierra de la normalidad, de la que uno no puede sino querer escapar. El descenso de Alicia hacia El País de las Maravillas y el de Orfeo hacia el Infierno correspondían para Spicer a un descenso imaginario hacia un reino 'salvaje' mucho más complejo y sofisticado que el de la civilización occidental."[27] Como lo deja entrever su última entrevista (publicada en el *San Francisco Chronicle* el 29 de agosto de 1965, apenas unos días después de su muerte), California acabará siendo para Spicer el único lugar propicio a la poesía en los EEUU: "Resulta imposible explicar lo que le sucedió a la poesía en San Francisco, pero es como Alicia en el País de las Maravillas. Las cosas se vuelven cada vez

---

[26] Citado en la introducción de Peter Gizzi y Kevin Killian a *My Vocabulary Did This to Me*, p. XVI.
[27] *The House That Jack Built*, Peter Gizzi, "Afterword", p. 202.

más curiosas, esa es la clave. California es el otro extremo del agujero de conejo. Si la nueva poesía americana puede sobrevivir es porque estamos muy lejos de la Costa Este. Lo que le ha sucedido a la poesía es la bomba de hidrógeno y los discos de los Beatles. Duele porque uno es incapaz de soportar los sonidos que hacen tales cosas. Un poeta tiene prácticamente que inventarse su propio país y luego tiene que defenderlo"[28]. Escrito en Boston unas semanas antes de que regresara a San Francisco y marcado por una intensa nostalgia ("Cuándo nos devolverán a Birdland ?"), el hermoso poema titulado "Birdland, California"[29] da cuenta tanto del apego de Spicer hacia su (inventado) país natal[30] como de su preocupación creciente por cuestiones ligadas al tiempo, la percepción, la memoria y la imaginación, y la composición poética:

Las escaleras que había escaleras arriba eran escaleras
En aras de la ceremonia

---

[28] *Ibid.*, pp. 242-243.
[29] *My Vocabulary Did This to Me*, pp. 60-61.
[30] Sin ser obsesivo, el motivo del "país natal" o del "hogar" aparece de vez en cuando en la obra de Spicer. Así en la cita de "Die Moorsoldatenlied" ("Canto de los Soldados del Pantano", escrito en 1933 por prisioneros comunistas encerrados en el campo de concentración de Börgermoor) que aparece en el séptimo poema de « El Libro de Merlín », en *El Santo Grial*: « Heimat du bist wieder mein », « País natal / Hogar, eres de nuevo mío. »

Si Gertrude Stein las hubiese subido de puntillas
No habría alcanzado el 2° piso.
El 2° piso era un piso
En aras de la ceremonia
Lo que quiero decir es
Que este es un poema sobre Orfeo
Orfeo, cargaba él a sus espaldas el peso de Eurídice
Trataba de subir con ella
Las escaleras imaginarias.
Eurídice podría ser cualquiera. Es
Supongo
Cualquiera.
Lo cual hace que el poema sea aún más duro.
Esta noche (Joe Dunn podría dar una fecha
El 1 de Octubre
Esa es la fecha de Joe Dunn)
Pero yo no puedo.
Las mariposas se transfiguran y arden
En ausencia de carteros.
Pero Joe Dunn regresará a casa
Pasadas todas esas escaleras irreales
Hará
Ruido cuando la puerta se abra,
Encenderá la luz. Encenderá la luz
La locura acecha ahí. Orfeo se derrumba
Bajo el peso de la frase, matando mariposas.

Es ya

El 2 de Octubre.

El 3 de Octubre. Será de nuevo importante alguna vez

Que sea el 2 de Octubre o el 3 de Octubre?

Te has preguntado alguna vez

Lo que quiero decir es

Cuándo nos devolverán a Birdland?

Un Orfeo abochornado

Se levanta

Con una pesadísima Eurídice en sus brazos

Lo que quiero decir es puede un poema

Tomar lo accidental como su fundamento?

Ahora es el 5 de Octubre (o el 6)

Los diplomados en inglés

Pueden descubrir la fecha exacta

(Los Yankees utilizaron siete bateadores

Eso te dirá el día)

Yo estaba más solo de lo que tú estás ahora (o lo estarás)

Nosecuantos de Octubre, 1956.

Reaparece aquí la figura de Orfeo, que no alcanza a completar el movimiento de ascenso desde el mundo de lo(s) muerto(s). Según Daniel Katz "el poema se presenta como un momento único de enunciación, sin embargo Spicer estira este 'momento' de modo que abarque varios días, negando la cohesión y la particularidad del 'ahora' en que podría imaginarse dicha enunciación. [...] El momento de la enunciación poética no se puede datar. [...] La última línea sin embargo precipita el poema hacia otra temporalidad: no el "ahora' del 'nosecuantos de Octubre, 1956', sino más bien hacia el 'ahora' convocado por cada futura lectura del poema."[31]

Poco después de que Spicer asumiera sus funciones en la Boston Public Library, Thomas H. Johnson publica su edición en tres volúmenes de la obra de Emily Dickinson. Spicer se interesa por la publicación, y decide consultar los archivos de la biblioteca, en la que eran conservados ochenta de los manuscritos a partir de los cuales había trabajado Johnson. Tras recorrer los originales de Emily Dickinson, Spicer escribe una reseña sobre la edición de Johnson que es publicada en el Boston Public Library Quarterly en 1956. Resultan particularmente interesantes sus consideraciones sobre la imbricación entre poesía y prosa en los manuscritos de Dickinson: "Uno de los problemas más difíciles para el editor ha sido la separación de poesía y prosa. Esto podrá sorprender a ciertos lectores. La única prosa escrita por Emily Dickinson que ha sobrevivido se encuentra en sus cartas, y en la forma en la que han sido publicadas, la poesía en ellas es siempre claramente distinguida de la prosa. Pero en los manuscritos las

---

[31] Daniel Katz, op. cit., p. 36.

cosas no son tan simples. Dickinson espaciaba a menudo su poesía en la página como si fuese prosa, y a veces incluso sangraba la prosa como si fuese poesía. [...] La razón por la cual resulta difícil trazar una línea entre poesía y prosa en las cartas de Emily Dickinson acaso sea que ella no deseaba que dicha línea fuese trazada. Si consideramos ciertas partes de su correspondencia, no como meras cartas — de hecho, éstas apenas comunican información, y tampoco tienen mucho que ver con la persona a la que fueron escritas —, sino como experimentos en una prosa elevada combinada con poesía, se abre una nueva manera de acercarse tanto a sus cartas como a su poesía."[32] Como veremos, la dialéctica entre prosa y poesía juega a partir de mediados de los años 50 un rol importante en la poética de Spicer. Por otro lado, al hablar de la imbricación entre escritura poética y escritura epistolar en los manuscritos de Dickinson, su reseña apunta implícitamente hacia una cuestión importante para la vida democrática y ligada en el caso de Spicer al problema de la invisibilización y persecución de los homosexuales en las sociedades patriarcales heteronormadas, a saber: la de la separación entre lo privado y lo público, la vida y la obra, lo personal y lo impersonal. En sus libros Spicer pone a menudo estos polos en

---

[32] *The House that Jack Built*, p. 232 y p. 234.

tensión, ya sea incluyendo en ellos cartas que, no teniendo "mucho que ver con la persona a la que fueron escritas", son susceptibles de ser leídas por cualquiera (así las cartas incluidas en *After Lorca*, *Admonitions* o *Letters to James Alexander*); ya acompañando sus poemas de dedicatorias (en *After Lorca* todos los poemas están dedicados a una persona particular mientras que en *Admonitions* la dedicatoria hace oficio de título de cada poema), insertando en ellos nombres propios de amigos y conocidos (Joe Dunn en "Birdland, California", George y dos Tonys diferentes en el *El Santo Grial*, John Wieners en *Gólem*) o utilizando un lenguaje coloquial que no excluye el recurso al apóstrofe y a expresiones obscenas ("Has luchado alguna vez contra un pájaro, / Tú lector idiota? / Jacob luchó contra un ángel"[33], "Song for Bird and Myself"; "La gente a la que le disgusta el olor del vómito de marica / Nunca comprenderán por qué a los hombres no les gustan las mujeres"[34], *Admonitions*). Si su reseña apunta hacia una "nueva manera de acercarse" a la obra de Dickinson que superaría las distinciones entre prosa y poesía y que conduciría acaso a editarla y publicarla según criterios renovados, la poesía de Spicer no deja de cuestionar y redefinir su propio estatus ("cada uno de mis libros (empezando por

---

[33] *My Vocabulary Did This to Me.*, p. 71.
[34] *Ibid.*, p. 164

Las Elegías) contradice el precedente"). De ahí su carácter apelativo y polémico, que no sabría ser subestimado. Y es que el conflicto, la disputa, el disenso son para Spicer indisociables de la vida democrática. La renovación de la poesía y sus usos pasa así necesariamente por la confrontación de discursos e ideas en el espacio público, cuyos límites deben a su vez ser constantemente reevaluados y reconfigurados. En este sentido cabe señalar que *Book of Magazine Verse*, su último libro, está organizado en siete secciones de entre dos y diez poemas, cada una de ellas dirigida a una revista de la época cuyo nombre es explicitado en el título de cada sección ("Dos poemas para *The Nation*", "Seis poemas para *Poetry Chicago*", "Tres poemas para *Tish*", etc.). La idea inicial de Spicer era "escribir poemas para revistas que no los imprimirían"[35], sea abrir un espacio de diálogo — aunque fuera dando pie a una polémica. "Siempre hay guerra en la poesía"[36] decía Mandelstam. Creo que Spicer hubiera suscrito tal afirmación. Escrito durante el periodo bostoniano, *The Unvert Manifesto and Other Papers Found in the Rare Book Room of the Boston Public Library in the Handwriting of Oliver Charming* no rehúye el conflicto ni la provocación. A un

---

[35] *The House that Jack Built*, p. 102.
[36] Osip Mandelstam, *Gozo y misterio de la poesía*, El Cobre Ediciones, p. 63.

tiempo manifiesto político-poético, diario dadaísta y poema protoserial, este extraño texto parece hacerse eco de lo observado en los manuscritos de Dickinson y anuncia ciertas experimentaciones en torno a la forma prosa que Spicer va a llevar a cabo durante la segunda mitad de los años 50 (manifiesto y diario en "The Unvert Manifesto"; epistolar en *After Lorca* y *Admonitions*; novelística en *The Tower of Babel*; novelística y didáctica en *The heads of the town up to the ether* – donde la prosa hace aparición también en forma de comentarios a pie de página). Me interesan particularmente aquí los tres primeros puntos del manifiesto: "1) Un novertido [*unvert*] no es ni un invertido ni un exvertido ni un pervertido ni un convertido ni un introvertido ni un retrovertido. Un novertido es alguien que decide no tener ningún lugar para dar la vuelta. 2) Uno debería masturbarse siempre en las esquinas de las calles. 3) La noversión es una tentativa de hacer del acto sexual algo tan raro como un pétalo de rosa. Consiste en vincular lo sexual con la más potente de todas las fuerzas del universo – el Sinsentido, que nosotros preferimos llamar *Mertz*."[37] Como hemos visto, en la carta que envía a Allen Joyce desde Nueva York en 1955 Spicer hablaba ya del sinsentido, que es aquí rebautizado *Mertz* (la alusión

---

[37] *My Vocabulary Did This to Me*, p. 74.

al Merz de Kurt Schwitters es evidente). La variaciones en torno a este último significante en el diario de Oliver Charming merecen ser señaladas: por un lado Charming se presenta en él como un "observador Mertziano sin prejuicios" ("umprejudiced Mertzian observer"[38]), y afirma que "nada destruye tanto al Mertz como la costumbre"[39] y que "intentar forzar el verdadero acto Mertziano [*the truly Mertzian act*] sobre la realidad es como intentar hacer un collage a partir de la barriga de una oveja o tratar de introducir un pene en una botella de Pepsi Cola vacía"[40]; por otro lado el mismo Charming declara que "sólo el novertido se atreve a hablar Marciano [*Martian*] en la cama"[41]. "Mertz" − "Mertziano" − "Marciano" (*Mertz − Mertzian − Martian*): asociados al sinsentido definido como "la más potente de todas la fuerzas del universo", estos tres términos anuncian la teoría del dictado poético que Spicer elaborará más detalladamente durante los años 60, según la cual el poeta no es sino un médium, a un tiempo transductor y traductor de los mensajes en lengua angélica o marciana que llegan hasta él desde la "fuente de energía" absoluta que es el Afuera (*The Outside*). Por el

---

[38] *Ibid.*, p. 77.
[39] *Ibid.*, p. 76.
[40] *Ibid.*, p. 82.
[41] *Ibid.*, p. 78.

momento, no me extenderé más a este respecto. Me gustaría sin embargo señalar que en los tres puntos del manifiesto que he citado parece esbozarse cierta topología urbana del deseo asociada a la escritura poética. "Uno debería masturbarse siempre en las esquinas de las calles", escribe Spicer. Puntos de encuentro, intersecciones, esquinas, encrucijadas, cruces (en los dos sentidos de la palabra: cruce y cruz) son motivos recurrentes en su obra. En "Car Song"[42], el segundo poema de "Homage to Creeley", paseo órfico y motorizado por el amor y la muerte, puede leerse: "Enganchamos nuestros calambures [*puns*] a nuestras espaldas y cruzamos en coche / Las intersecciones en que se encuentran los amantes [...] Enganchamos nuestros calambures al parabrisas como / Si cada cruce lo cruzáramos a despecho del infierno". Evocada por medio de metonimias, la ciudad aparece como un espacio semiótico libidinalmente cargado en el que contingencia y sinsentido acechan en cada esquina (lugar de encuentros sexuales en el argot americano como en español), en cada cruce (en forma por ejemplo de accidentes de tráfico), ante cada señal: "Una persona ciega al color puede leer las señales porque el rojo está siempre arriba y el verde abajo.

---

[42] *Ibid.*, p. 251.
[43] *Ibid.*, p. 385.

O es al revés? Lo he olvidado, pues no soy ciego al color"[43] (séptimo poema de "Love poems", segunda sección de *Language*, 1963-1965). El motivo de la ciudad está muy presente en la obra de Spicer, por un lado en tanto que infierno moderno, espacio normativo, ultracodificado y alienante en el que proliferan "supermercados" ("Avalón tiene supermercados", puede leerse en *El Santo Grial*) y "parkings" ("Las luces brillan 24 horas al día en un parking. [...] La muerte no es definitiva. Solamente los parkings"[44]) cuya esfera — la del capital — se extiende con el desarrollo de las telecomunicaciones y la exploración espacial durante los años 50 y 60 hasta englobar las regiones celestes ("La poesía / del absurdo llega a través de la televisión de San Francisco. Directamente conectada a cohetes lunares"[45]); y por otro en tanto que imposible utopía por la que luchar con las armas de la poesía. Si en el sexto poema de "El libro de Ginebra" ambas ciudades, la real y la ideal, parecen superponerse ("Salt Lake City, Nueva York, Jerusalén, El Infierno, La Ciudad Celeste / Parpadeando y cambiante como una luz en una rada oscura"), en a "Textbook of Poetry" (tercera parte de *The Heads of the Town Up to the Aether*) Spicer escribe[46]:

---

[44] *Ibid.*, p. 377.
[45] *Ibid.*, p. 423.
[46] *Ibid.*, p. 306

La ciudad redefinida se convierte en una iglesia. Un movimiento de poesía. No un mero sistema de creencias sino sus creencias y sus corazones viviendo juntos.

Se ponen en cólera ante sus diferencias — los vivos y los muertos, los fantasmas y los ángeles, el loro verde y el perro que acabo de inventar. Todas las cosas que utilizan palabras distintas. Desean habitar la ciudad.

Pero la ciudad en ese sentido está tan lejos de mí (y las cosas que hablan a través de mí) como Dante lo estaba de Florencia. Más lejos. Porque es una ciudad que no recuerdo.

Pero la ciudad que creamos en nuestras discusiones de bar o durante nuestros arrebatos y nuestra furia contra el prójimo es de un modo confuso y especular un imagen de la ciudad. Un regreso del exilio.

No sabría decir en qué medida Spicer (alumno de Kantorowicz durante sus años de estudiante en Berkeley) era conocedor de los románticos alemanes, pero releyendo este poema y otros pasajes de la obra de Spicer me viene al recuerdo lo que escribe Friedrich Schlegel en el fragmento 222 del *Athenaeum*: "El deseo revolucionario de realizar el reino de Dios es el punto elástico de la cultura progresiva y el comienzo de la historia moderna. Aquello que no tiene relación con el reino de Dios sólo juega en ella un rol accesorio."[47] En el último de los "Cuatro poemas para The St. Louis Sporting News" Dios no es ya sino "una gran bola de béisbol blanca que no puede hacer nada sino seguir una línea curva o recta"[48]. Su reino es prácticamente inconcebible, y acaso sólo pueda resultar en infiernos tan letales como los promovidos por los apóstoles del destino manifiesto y sus herederos. O consumarse al consumirse en el apocalipsis nuclear evocado en el último poema de "El libro de Merlín" (que data de 1962, año en que tiene lugar la crisis de los misiles de Cuba) : "Cuidadosamente ahora habrá un Grial o una Bomba que arrancará de cuajo el corazón de las cosas?" La crisis de lo humano es patente y ha de ser reconocida: "No / Puedo / Acordar / Ninguna / Simpatía / A / Aquellos / Que / No / Reconocen / La crisis humana"[49] (*Language*). Confrontado a dicha crisis, Spicer propone una redefinición y refundación poética de la ciudad a partir de nuevas bases (las de un campo de béisbol) en el primero de sus "Siete poemas para el *Festival de Vancouver*": "Construiremos nuestra ciudad hacia atrás a

---

[47] Traduzco a partir de la versión francesa de Philippe Lacoue-Labarthe, Jean-Luc Nancy y Anne-Marie Lang incluida en *L'Absolu littéraire*, Seuil, p. 129.
[48] *My Vocabulary Did This to Me*, p. 416.
[49] *Ibid.*, p. 379.

partir de cada línea de base / extendiéndose como un rayo en zigzag a partir de cada punto — tú desde la primera línea, tú detrás de la segunda base, tú detrás del campo-corto, tú desde la tercera línea. [...] Y nuestra ciudad resistirá mientras las vigas se pudren y se hunde la montaña Runcible, y el océano, devorando todas las islas, viene a nuestro encuentro"[50]. Las analogías entre el béisbol y el juego poético son abundantes en la obra de Spicer. Según Peter Gizzi, dichas analogías se basan en el hecho de que el béisbol, como la poesía, "constituye su propia cultura imaginaria, con unas reglas, una historia y unas ruinas que le son propias. En tanto que fraternidad comprometida con el trabajo de equipo [...], la comunidad del béisbol, con la subcultura, el folklore y la dimensión cívica que la caracterizan, se embarca, como la poesía, en una imposible búsqueda del Grial. En su 'Tercera lección de Vancouver' y en sus 'Poemas para el Festival de Vancouver' Spicer se sirve así del vocabulario del béisbol para dar cuerpo a una ciudad. El diamante [así es llamada el área cuadrangular que delimita la zona de juego de un campo de béisbol] que se encuentra en su centro proporciona un "Espacio Abierto" en el que pueden expresarse tanto la identidad social como la individual."[51] La poesía es pues un modo de

---

[50] *Ibid.*, p. 417.
[51] *The House That Jack Built*, Peter Gizzi, "Afterword", pp. 193-194.

resistir en el infierno urbano, una manera de reapropiarse la ciudad, de reintegrarla y reconstruirla en la palabra. O de escapar de ella: escrito en 1958, *Billy The Kid* se abre con un pasaje que propone una geografía extraurbana y fronteriza como imagen del espacio poético: "La radio que me anunció la muerte de Billy The Kid / (Y el día, un caluroso día de verano, con pájaros en el cielo) / Permítenos fingir una frontera — un poema en el que alguien pudiera esconderse con la patrulla de un sheriff detrás de él — de mil millas si es necesario para él recorrer mil millas — un poema sin esquinas duras, sin casas en las que perderse, sin los tejemanejes de la magia acostumbrada, sin comerciantes judíos de Nueva York vendiendo pijamas de color amatista, simplemente un lugar en el que Billy The Kid pueda esconderse cuando dispara a gente." El ficticio espacio fronterizo del poema ("Permítenos fingir una frontera — un poema...") se define aquí por oposición al espacio normativo ("la patrulla de un sheriff"), estriado ("esquinas duras"), alienante ("los tejemanejes de la magia ordinaria") e infinitamente expansivo de la ciudad de Nueva York, capital económica y financiera de los EEUU desde el siglo XIX, durante el cual concluye (y se urde el mito de) la Conquista del Oeste. Se recorta entre ambos la silueta de Billy The Kid. Si se abre haciéndose eco de su muerte a manos de Pat Garrett y es en este sentido un monumento a su memoria, el libro, que toma por título el nombre del legendario fuera-de-la-ley y se identifica así con éste, se presenta al mismo tiempo como una reencarnación lingüística de su indomable espíritu. Spicer reconoce en el de Billy un espíritu afín al que anima la palabra poética, proscrita de la polis por Platón. Se mueve ésta en los intersticios y zonas liminares del discurso dominante (el del capital — que, cediendo al estereotipo antisemita, Spicer asocia aquí a la figura caricatural del vendedor judío de Nueva York[52]), al

---

[52] La compleja cuestión del carácter racista (antinegro) o antisemita de ciertos pronunciamientos de Spicer ha sido abordada y debatida por sus críticos y comentaristas. Numerosos estereotipos vinculados a ambas ideologías estaban muy extendidos entre los miembros de la clase media blanca americana a la que pertenece Spicer. Ciertamente éste no fue impermeable a este tipo de ideas tóxicas. Por otro lado, Spicer sufrió en su propia carne diversas formas de discriminación ligadas a su condición de homosexual (recuérdese el episodio de la supresión de los talleres de escritura en Berkeley en 1949) y la cuestión de las minorías está muy presente en su obra. En su ensayo "Spicer and the Mattachine", Kevin Killian rescata un relato corto escrito por Spicer hacia 1947-48 en el que, como dice Killian, se "explicita la conexión entre los desarraigos de varios grupos sociales marginalizados". Escribe Spicer: "Hay un chico lozano en la esquina que parece sacado de un espectáculo de minstrel. Me pregunto si alguna vez ha soñado con un cuerpo Ledeico. Su nombre es Jefferson Davis y su rostro se encuentra en todos los billetes confederados de tres dólares. Baila y sonríe melancólica y suavemente para los clientes. Sonríe con su rostro de tal modo que ha de concentrar mucho odio en sus pies. Odia a todo el mundo mientras baila. Alguien me dice que esta gente es humana. Menuda estupidez. No son humanos sino homosexuales. Los judíos tampoco son humanos, ni los negros, ni los lisiados. Nadie es humano si no se siente humano. Ninguno de nosotros se siente humano" (en *After Spicer*, edición a cargo de John Emil Vincent, Middletown, Wesleyan University Press, 2011, p. 23).

margen de sus códigos, tratando de mantenerlos a distancia o disparándose contra ellos. Y, en el caso de Spicer, dialogando a menudo con la obra de otros poetas. En efecto, la intertextualidad es un elemento clave en su poética. Billy The Kid podría ser un alias de William Carlos Williams, puesto que Spicer había leído poco después de su publicación en 1956 el libro de Louis Zukofsky titulado *Some time*[53], que incluye un poema dedicado a Williams en el que puede leerse: "William / Carlos / Williams // vivo! // Pensando en / Billy // The Kid / dispara / a / matar."

En noviembre de 1956 Spicer regresa a San Francisco. La escena artística y poética de la ciudad está en ese momento en plena efervescencia debido a la llegada de numerosos pintores y poetas vinculados de un modo u otro al Black Mountain College (situado en Carolina del Norte), cuyo rectorado, dirigido por Charles Olson, acababa de lanzar el proceso de cierre del establecimiento[54]. Entre los poetas que deciden instalarse en San Francisco cabe nombrar a John Wieners, Ebbe Borregaard, Joe Dunn y Joanne Kyger, que integrarán (sobre todo los tres últimos) el círculo de Spicer. Se inicia así un periodo de intensa actividad para éste, que embarcado desde hacía va-

---

[53] Ver al respecto Ellingham y Killian, *Poet be like God*, p. 136
[54] El Black Mountain College acabará cerrando definitivamente unos meses después.

rios meses en la escritura de *After Lorca* (cuyos primeros poemas datan de finales de 1955), empieza el año 1957 dando ante un publico tan amplio como entusiasta dos lecturas, la primera en Berkeley y la segunda en la San Francisco State University. Contratado un poco después por este último establecimiento, Spicer organiza y dirige en él un taller de escritura llamado "Poetry as magic" en el que participan Helen Adam, Robert Duncan, George Stanley, Dunn y Borregaard entre otros. El trabajo colectivo realizado durante el taller será una fuente de inspiración importante para los participantes y para el propio Spicer, que escribe durante la segunda mitad de 1957 su segundo y tercer libros: *Admonitions* y A *Book of Music* [55]. Ejercicios y conversaciones poéticas se prolongan tanto en el Aquatic Park, al que Spicer acude casi cada día en un ritual que se perpetuará hasta el final de su vida, como en ciertos bares de North Beach (entre los que destaca The Place, que Spicer había empezado a frecuentar en 1954, antes de marcharse a Nueva York, y al que hace alusión en varias ocasiones en el diario de Oliver Charming) o en casa de Joe Dunn. En junio Spicer sugiere a este último la creación de una pequeña editorial. Nace poco después la

---

[55] *A Book of Music* y *Admonitions* son publicados póstumamente, el primero en 1966 y el segundo en 1974.

White Rabbit Press, que a finales de noviembre publica *After Lorca*[56], el primer libro de Spicer.

Obra clave en su bibliografía, *After Lorca* se abre con una introducción redactada en las afueras (o El Afuera) de Granada y firmada por un tal Lorca ("Federico García Lorca / Outside Granada, October 1957"). Sigue un conjunto de traducciones, perversiones[57] e imitaciones del

---

[56] *After Lorca* es el segundo libro publicado por la White Rabbit Press. El primero: *Love, the Poem, the Sea and Other Pieces Examined*, de Stephen Jonas. En su primer año de existencia, White Rabbit Press publicará una decena de títulos.

[57] Le tomo prestado el término a Leopoldo María Panero, para quien "la traducción de una obra literaria es imposible" y que asimila el trabajo del traductor a una « operación alquímica » enteramente « creadora » resultando no en versiones sino en perversiones del original. "Ello habremos de hacer si queremos salvar a un tiempo la letra y el sentido (lo que se llamó 'espíritu' y 'letra'): sólo lo lograremos a costa de ambos, cuando el sentido per-vierta a la letra, y la letra al sentido. [...] Pero la perversión no se limitará a esto: desarrollará los sentidos que en el original sólo se insinuaban"(ver el prólogo a *Matemática demente*, Tusquets Editores, Fábula, 1999). Un ejemplo de perversión: en "Juan Ramón Jiménez" (*Canciones*, 1921-1924), donde Lorca escribe "En el blanco infinito / nieve, nardo y salina / perdió su fantasía. // El color blanco, anda, [...] // Sin ojos ni ademán / inmóvil sufre un sueño. / Pero tiembla por dentro. // [...] En el blanco infinito. / Nieve. Nardo. Salina", Spicer traduce: "In the white endlessness / Snow, seaweed, and salt / He lost his imagination. // The color white. He walks [...] // Without eyes or thumbs / He suffers a dream not moving / But the bones quiver. // [...] Snow, seaweed, and salt. Now / In the White endlessness", que cabría retraducir como sigue: "En la blanca infinitud / Nieve, algas, sal / Perdió su imaginación. // El color blanco. Él anda [...] // Sin ojos ni pulgares / Inmóvil sufre un sueño / Pero los huesos tiemblan. // [...] Nieve, algas, y sal. Ahora / En la blanca infinitud."

poeta español[58] (todas ellas acompañadas de una dedicatoria) puntuado por cartas dirigidas a éste. "Incluso el más fiel estudioso de mi obra — escribe el Lorca de Spicer en su introducción — estará en un aprieto si ha de determinar qué es y qué no es García Lorca, como, ciertamente, lo estaría si echase una ojeada a mi actual lugar de reposo". Una vez más, el poeta aparece aquí como taumaturgo y mediador entre el mundo de lo(s) muerto(s) y el de lo(s) vivo(s). El suyo es un trabajo de atención y escucha tan fiel como perverso, resultando en un objeto órfico (el libro) en el que, parasitando la de Spicer, la voz de Lorca revive o resucita para entablar un diálogo tanto con otras voces de la tradición poética (la de Ezra Pound, por ejemplo, en particular con su teoría de la traducción ; o, como veremos, la de Williams Carlos Williams) como con las de los propios contemporáneos de Spicer (como lo dejan entrever las dedicatorias). Al mismo tiempo, Spicer prolonga en este libro sus reflexiones sobre la relación entre poesía y prosa. Escribe Spicer en su primera carta a Lorca: "Estas cartas son tan pasajeras como nuestra poesía está destinada

---

[58] Spicer parte principalmente de poemas incluidos en *Canciones, 1921-1924*. Encontramos también versiones y perversiones de poemas incluidos en *Libro de poemas*, *Diván del Tamarit* y *Poeta en Nueva York* (« Oda a Walt Whitman »), así como de la pieza teatral titulada *El paseo de Buster Keaton*. Entre las imitaciones de Lorca (que a menudo se parecen más a "originales" de Spicer) podemos citar los poemas titulados "Friday, the 13th" o "Radar".

a permanecer. Establecen la masa de desperdicios que, padeciendo de acidez de estómago, mis contemporáneos necesitan para tragar y digerir la palabra pura. Desgastaremos aquí nuestra retórica para que no aparezca en nuestros poemas. Dejemos que se consuma párrafo a párrafo, día a día, hasta que no quede el menor atisbo de ella en nuestra poesía y ninguna poesía en la retórica. Es precisamente porque son innecesarias que estas cartas han de ser escritas."[59] Y un poco más adelante: "Mira que débil es la prosa. Invento una palabra como invención. Aunque fueran traducidos, transformados por una cadena de cincuenta poetas en cincuenta lenguas diferentes, estos párrafos seguirían siendo pasajeros, falsos, incapaces de ofrecer la substancia de una sola imagen. La prosa inventa — la poesía descubre [prose invents — poetry discloses]."[60] Si desde sus primeros poemas asimila el proceso de creación poética a un movimiento en dos tiempos, el primero de descenso y el segundo de ascenso, Spicer establece aquí dos polos dialécticos: por un lado el de la prosa/la retórica/lo terrestre/la invención, por otro el de la poesía/la palabra pura/lo celeste/el des-cubrimiento o declosión. Como puede observarse, el primero de estos polos es caracterizado por medio de términos despreciativos que lo asocian

---

[59] *My Vocabulary Did This to Me*, p. 110.
[60] *Ibid.*, p. 111.

a lo pasajero, lo falso, los desperdicios, lo innecesario e insubstancial. Spicer parece responder aquí a una pregunta que él mismo plantea en "Birdland, California", escrito en 1956 (y por tanto contemporáneo de *After Lorca*): "Puede un poema / tomar lo accidental como su fundamento ?" Valorizando el segundo polo, la respuesta que da la carta parece ser negativa: no, lo accidental no puede constituir el fundamento del poema. Pero la de Spicer es una poética de la polémica y la contracción, a menudo irresolubles. La respuesta a la pregunta planteada en "Birdland, California" la da Spicer por medio de una carta escrita precisamente en prosa. Si, como dice la carta, "la prosa es débil", y todo en ella es pasajero, cabe preguntarse si la respuesta que en ella se da a la pregunta planteada en "Birdland, California" puede considerarse como definitiva. Y aquí conviene recordar que en *El poeta y la poesía* (1949) Spicer había emitido acervas críticas hacia una poesía pura que, despojada "de toda conexión con la persona, el lugar y el tiempo", "aburre a todo el mundo [...] incluso al poeta"; y que en *The Unvert Manifesto and Other Papers Found in the Rare Book Room of the Boston Public Library*, escrito también a principios de 1956, Spicer, para vehicular su poesía, recurre, no sólo a la prosa, sino a dos géneros particularmente "pasajeros" de ésta: el manifiesto (la primera mitad del siglo XX había proporcionado ya unos cuantos) y el diario. Tensión pues entre la respuesta explicita que da la primera carta de *After Lorca*, y la respuesta implícita y práctica que proporcionan tanto *The Unvert Manifesto and Other Papers* como *After Lorca* en su conjunto. De hecho, dicha tensión es en buena parte asumida de un modo explícito en *Admonitions*, libro compuesto de una serie de poemas dirigidos a una persona particular en los que la dedicatoria hace oficio de título ("Para Nemmie", "Para Ebbe", "Para Russ") y de dos cartas (la primera, que abre el volumen, dirigida a Joe Dunn, y la segunda a Robin Blaser). Escribe Spicer en la carta a Joe Dunn con que se abre *Admonitions*, y que constituye un comentario crítico a la primera carta de *After Lorca*: "Antes pensaba que escribir notas sobre ciertos poemas era una manera de confesar que los poemas eran totalmente inadecuados (algo así como ponerle un parche a una rueda pinchada) o bien un modo igualmente humillante de confesar que el poeta estaba más interesado por la mecánica terrestre de la crítica que por la celeste mecánica de la poesía — en ambos casos, que el esfuerzo tenía más que ver con el garaje o el establo que con la Musa. Las musas existen, pero hoy sé que no temen ensuciarse las manos con explicaciones."[61] Desde esta perspectiva, puede afirmarse que, "temporales, falsos, incapaces

---

[61] *Ibid.*, p. 157.

de ofrecer la substancia de una sola imagen", los párrafos de la primera carta a Lorca que he citado no están empero exentos de ironía, y que el recurso a las cartas en *After Lorca* responde a una necesidad paradójica, la de exponer la poesía tanto a "la mecánica terrestre de la crítica" como a la contingente y accesoria necesidad de lo prosaico: "es precisamente porque son innecesarias que estas cartas han de ser escritas" (y – cabría añadir – publicadas junto con los poemas). "Hace calor aquí donde nos han dejado / En la colina o en la ciudad. El infierno / De las relaciones personales / Es como un nudo en el aire"[62] escribirá Spicer en 1959. Aunque no pueda limitarse a representar « el infierno de las relaciones personales », la poesía debe pese a todo preservar su conexión con ese infierno ("Dos amores tuve. Uno tañía una campana / Conectada por sus dos lados al infierno // El otro me escribió una carta / En la que me decía que he escrito mejor"[63] puede leerse en "Several Years' Love", el poema que abre "Homage to Creeley"). Si en "Orpheus in Hell" sonaba en él "la quejosa gramola de los condenados", dicho infierno reaparece en la primera carta de *After Lorca*, justo después del último pasaje citado, precisamente bajo la forma de lo prosaico:

---

[62] *Ibid*, « The Poet Insists on Saying the Last Word », último poema de *A Birthday Poem for Jim (and James) Alexander*, p. 229.
[63] *Ibid.*, p. 250.

"Un loco está hablando solo en la habitación de al lado. Habla en prosa. Ahora iré al bar y allí uno o dos poetas se pondrán a hablar conmigo y yo con ellos e intentaremos destruirnos mutuamente o seducirnos o incluso escucharnos y nada ocurrirá porque estaremos hablando en prosa. Volveré a casa, borracho e insatisfecho, y me dormiré — y mis sueños serán prosa."[64] Lo prosaico es aquí explícitamente asociado a un inframundo de pasiones (la locura, el odio, el amor, la embriaguez, el sueño) en el que prevalecen lo impermanente, lo accidental, lo inconsecuente, lo caótico. Asociado a la cultura de masas, en la obra de Spicer este inframundo o infierno de lo prosaico parece a menudo regido por la lógica de mercantilización generalizada que prevalece en el capitalismo: "Los Beatles, desprovistos de forma y de color, pero llenos de imágenes suenan fuera en el salón"[65] puede leerse en el quinto de sus "Siete poemas para el Festival de Vancouver" (*Book of Magazine Verse*, 1965); "Avalón tiene supermercados — donde los muertos intercambian huesos con los muertos" ("Libro de la Muerte de Arturo"); "He visto a los mejores poetas y jugadores de béisbol de nuestra generación atrapados en la infame y total red de prostitución que es la sociedad capitalista" (*Gólem*). Al oponer el inframundo de

---

[64] *Ibid.*, p. III
[65] *Ibid.*, p. 419.

la prosa al cielo de lo poético (impasible dominio de la necesidad y la pureza que "aburre a todo el mundo", y que aparece en el tercer poema de *A Book of Music*, titulado "Orfeo", como el segundo infierno al que está conectada la campana de "Several Year's Love", constituido de ideas fijas y formas calcificadas: "El infierno es esto: / No tener nada que mirar sino lo eterno / La expansividad de la sal"), Spicer retoma un debate que remonta al siglo XIX y que es planteado por Baudelaire en *El pintor de la vida moderna* en los siguientes términos: "La modernidad es lo transitorio, lo fugitivo, lo contingente, la mitad del arte, siendo la otra mitad lo eterno, lo inmutable."[66] En el ámbito anglófono, T.S. Eliot, influencia mayor en Spicer (como en la mayor parte de sus contemporáneos), se hace eco de los términos empleados por Baudelaire en su ensayo "Ulysses, Order and Myth" (1923), que analiza el método de composición del *Ulises* de Joyce: "el paralelismo [que Joyce establece] con la *Odisea* es de una importancia crucial [...]. Nadie ha escrito nunca una novela a partir de tales bases: hasta ahora no había sido necesario [...] Al utilizar el mito, al establecer un paralelismo constante entre la contemporaneidad y la antigüedad, el Sr. Joyce sigue un método que otros deberán seguir después de él. [...] Se

---

[66] Charles Baudelaire, « Le peintre de la vie moderne », in *Critique d'art*, Folio essais, 1992, p. 355.

trata simplemente de una manera de controlar, ordenar, dar forma y sentido al inmenso panorama de futilidad y anarquía que es la historia contemporánea. [...] En lugar del método narrativo, podremos utilizar de ahora en adelante el método mítico."[67] Como venimos señalando, la utilización del mito y la leyenda es característica de la obra de Spicer desde su primeros poemas, pero la función de ambos en los libros de madurez que recurren al uno o a la otra (*Billy The Kid*, *The Heads of the Town Up to the Aether*, *El Santo Grial*, *Gólem*) no es la que propone Eliot en su definición del método mítico. De hecho, lo que hace Spicer en *El Santo Grial* es como dice Katz "invertir en cierto modo las jerarquías de Eliot, abandonando la leyenda artúrica a la 'futilidad' y a la 'anarquía'"[68] de la historia. Y es que la historia, según sugiere el tercer poema de "El libro de la muerte de Arturo" al afirmar que "evidentemente estamos tratando con un material distorsionado a partir de su forma original", ha sometido la Materia de Bretaña a múltiples transformaciones. De un modo análogo, al evocar en el quinto poema de *Gólem* la legendaria figura de Píndaro presentándolo como "un publicitario a las órdenes" de los "príncipes" que generación

---

[67] T. S. Eliot, « Ulysses, Order and Myth », versión digital, consultado el 10 de junio de 2021, http://openmods.uvic.ca/islandora/object/uvic%3A64/datastream/PDF/view

[68] Daniel Katz, op. cit., p. 116.

tras generación elaboran el lenguaje y fijan las palabras con el objetivo de "promover la Meretricidad comercial", o al subrayar las variaciones regionales de la canción folk titulada "Barbara Allen" y ponerlas en relación con las mutaciones de la sintaxis al hilo del tiempo en la segunda "Transformación" de *Language* ("'En Scarlet Town donde nací / Habitaba una gentil doncella' [...] No es que el nombre de la ciudad cambie / (Scarlet se transforma en Charlotte o incluso en Ciudad Dorada escuché a un buen cantante del Oeste convertirla en Tonapah. No tenemos ciudades aquí. [...] Sino que la sintaxis cambia. Es algo más viejo que las ciudades. / Troya era un bebé cuando emergió la estructura de la frase griega"[69]), Spicer apunta hacia la historicidad de las producciones culturales y del lenguaje mismo. Entretejiéndose con la de la historia (la batalla de Tarawa en el marco de la Guerra del Pacífico durante la Segunda Guerra Mundial, los campos de concentración alemanes, etc) la Materia de Bretaña se despliega así en *El Santo Grial* adoptando extrañas formas que, hibridándose con elementos extraídos de la prensa de la época (la muerte de Marilyn Monroe), de la literatura infantil y/o fantástica (*El maravilloso mago de Oz*, de Lyman Frank Baum), de un juego como el Monopoly ("Ve a la cárcel. Ve directamente a la cárcel. No pases por la salida.

---

[69] *My Vocabulary Did This to Me*, p. 390.

No cobres los los 200.00 $.") o de canciones populares ("Trabajaba yo en Chicago en unos grandes almacenes" en el tercer poema de "El Libro de Perceval" y el pasaje "Lancéame dijo ella / Lancearla es lo que hice / Yo ya no trabajo allí" del segundo poema de "El libro de la muerte de Arturo", retoman, literalmente o con modificaciones, ciertos versos de la canción popular "I used to work in Chicago"), no dejan de desplazarse, de distorsionarse, de mutar, como el Grial mismo, objeto de la búsqueda y del extravío tan ubicuo como ilocalizable ("El grial, en lugar alguno, se transforma en una luz incapaz de estar ahí como un faro o la espuma"), "copa", "plato" o "poema" que no sea acaso ni lo uno ni lo otro ("y no sabría decir si eran humanos ni si lo que buscaban podría ser descrito como una copa o un poema ni por qué cada uno de ellos combatió"), metáfora al cabo de la metaforicidad del significante. Si en Eliot el mito presenta una forma fija y tiene la función estructuradora, vertebradora de un metadiscurso, en Spicer, que "nunca [les] atribuye [...] la potestad de fundar la experiencia contemporánea sobre un significado transcendente"[70], mito y leyenda aparecen como producciones ideológicas en perpetua evolución que al configurar nuestro deseo mediatizan nuestra relación con

---

[70] Daniel Katz, op. cit., p. 116.

lo real y de las que el poeta se sirve como de una sutil trama a través de la cual, agitándola, deformándola, desgarrándola incluso, se entreteje, siguiendo una lógica y unos motivos que le son propios (y que pueden o no corresponder a los del mito o la leyenda) el poema serial, del que me gustaría hablar a continuación.

"Deseamos transferir el objeto inmediato, la emoción inmediata al poema — pero lo inmediato se presenta siempre con cientos de sus propias palabras adheridas, de vida corta y tenaces como lapas [*barnacles*[71]]. Y es un error rasparlas y substituirlas por otras. El poeta es un mecánico del tiempo, no un embalsamador. Las palabras en torno a lo inmediato se marchitan y se corrompen como la piel en torno al cuerpo. Ninguna tentativa de momificar la tradición puede interrumpir el proceso. Objetos, las palabras deben ser conducidas a través del tiempo, no preservadas de él"[72] escribe Spicer en la segunda carta de *After Lorca*, que, dirigida al poeta español, establece una correspondencia paralela con Williams Carlos Williams, pues las lapas (*barnacles*) a las que alude Spicer provienen de un

---

[71] En propiedad los « barnacles » son cirrípedos, infraclase de los maxilópodos que incluye a percebes, balánidos o anatifas. La lapa común (Patella Vulgata) pertenece sin embargo a la clase de los gasterópodos. Dadas las connotaciones que el término tiene en español (« pegarse como una lapa »), me ha parecido oportuno contravenir la taxonomía y traducir « barnacles » por « lapas ».

[72] *My Vocabulary Did This to Me*, p. 122

pasaje de *Spring, and all* ("En la descripción las palabras se adhieren a ciertos objetos, y producen sobre el sentido el efecto de ostras, o lapas [*barnacles*]"[73]) que trata de definir por una parte cuál es el rol de la imaginación en la escritura poética, y por otra cuál la especificidad de la poesía en relación con la prosa. Cabría señalar que la distinción entre fantasía e imaginación establecida por Coleridge ("Un no-vertido es un agente de Kubla Khan"[74] puede leerse en *The Unvert Manifesto and Other Papers*) está activa en ciertos pasajes de la poesía de Spicer. Como puede observarse en la nota 57 de esta presentación, la traducción de Spicer de "Juan Ramón Jiménez", el poema de Lorca, substituye el término "fantasía" del original por "imaginación": "En el blanco infinito / nieve, nardo y salina / perdió su fantasía" resulta en "In the white endlessness / Snow, seaweed, and salt / He lost his imagination." Comentando un poema de Wordsworth en *La retórica del Romanticismo*, Paul de Man escribe a propósito de ambos términos : "Mientras que la 'fantasía' depende de una relación entre mente y naturaleza, la 'imaginación' se define por el poder que su lenguaje tiene de no mantenerse, imi-

---

[73] Williams Carlos Williams, *Spring, and all*, Contact publishing co, 1923, p. 90 (versión digital disponible en https://archive.org/details/spring_and_all/page/n95).
[74] *My Vocabulary Did This to Me*, p. 76.

tativa y repetitivamente, fiel a la percepción sensorial."[75] Coleridge define en efecto la imaginación como una "potencia sintética y mágica" "capaz de disolver, difuminar, disipar, con el objetivo de re-crear"[76]. "Yo te doy mi mano imaginaria y tú me das tu mano imaginaria y caminamos juntos (en la imaginación) sobre el suelo terrestre"[77], escribe Spicer en el último de sus "Love Poems" (*Language*). Por otro lado el pasaje citado de la segunda carta a Lorca puede leerse como un comentario crítico del lema objetivista de Williams: "ninguna idea, salvo en las cosas". Al afirmar que, objeto o emoción, "lo inmediato" (del que, entre otras cosas, el motivo de la roca en *Una carretilla roja*, libro que también dialoga con Williams, acaso sea la metáfora) "se presenta siempre con sus propias palabras adheridas" y comparar a las palabras con "lapas de vida corta" pero "tenaces", Spicer parece apuntar hacia el hecho de que nuestro acceso a lo real es siempre mediatizado por un lenguaje heredado, por la letra muerta de la tradición y sus costumbres. Sin embargo la carta califica de "error" la tentativa de "rasparlas y substituirlas por otras". Taumaturgo y mediador entre el mundo de lo vivo

[75] *La retórica del Romanticismo*, Madrid, Akal, 2007, p. 134
[76] *Excerpts from Biographia Literaria*, https://www.sjsu.edu/faculty/harris/StudentProjects/Laset/Biographia.htm
[77] *My Vocabulary Did This to Me*, p. 386.

y lo muerto, el poeta no debe *desprenderse* de la tradición sino dar un nuevo aliento, una nueva vida a sus palabras, que han de ser "conducidas a través del tiempo" de modo que "propulsen lo real, atraigan lo real hacia el poema"[78]. Así en la misma carta Spicer escribe: "Grito 'Mierda' al océano desde un acantilado. En menos de lo que dura una vida la inmediatez de esa palabra se desvanecerá. Estará tan muerta como 'Diantre' ['Alas' en el original]. Pero si introduzco el acantilado real y el océano real en el poema, la palabra 'Mierda' cabalgará con ellos a través de la máquina del tiempo hasta que los acantilados y el océano desaparezcan."[79] Cómo conducir las palabras a través del tiempo de modo que atraigan lo real hacia el poema? Una respuesta a esta pregunta comienza a esbozarse en la tercera carta de *After Lorca*, en la que retomando un término baudelairiano Spicer escribe: "las cosas no están conectadas, sino que se corresponden [...] incluso estas cartas. También ellas *corresponden* a algo (no sé qué) que tú has escrito [...] y, a su vez, un poeta futuro escribirá algo que *corresponderá* a ellas. Así es como nosotros, hombres muertos, nos escribimos los unos a los otros."[80] *Correspondencias* pues cuya naturaleza exacta es ignorada por el

---

[78] *Ibid.*, p. 123.
[79] *Ibid.*, pp. 122-123.
[80] *Ibid.*, pp. 133-134.

poeta ("estas cartas corresponden a algo *(no sé qué)* que tú has escrito [la cursiva es mía]") pero que atravesando espacio y tiempo ponen en relación seres y acontecimientos tan diversos como distantes entre sí. Cada cosa, cada carta, cada poeta u hombre muerto integra así una serie de envíos y reenvíos que les dan sentido y dirección. Si por un lado permite explicar (o explicitar a qué lógica responden) la abundancia de juegos intertextuales y el recurso al mito en Spicer, la noción de *correspondencia* podría por otro lado remitir, siguiendo una línea que pasando por Rimbaud[81] y Proust[82] iría de Baudelaire hasta dadaístas y

---

[81] Como hemos visto, Rimbaud es una de las figuras tutelares de "A Portrait of the Artist as a Young Landscape". Spicer le consagra también "A Fake Novel About the Life of Arthur Rimbaud", segunda parte de *The Heads of the Town Up to the Aether*.

[82] Ver la carta que Spicer escribe a Graham Mackintosh en 1954 reproducida en el epílogo de Peter Gizzi a *The House that Jack Built*, pp. 208-209: "Estoy releyendo a Proust por enésima vez y estoy más que considerablemente impresionado. El libro en su totalidad consiste no únicamente en lo que Proust es capaz de recordar sino también en lo que alcanza a *evocar* del pasado y el proceso de evocación lleva al lector a hacer lo mismo con su propio pasado de modo que casi inmediatamente dicho lector no está solamente leyendo una novela sino (de un modo pasivo) escribiendo una y para cada página que lee hay una página fantasmal que el lector llena con su propia vida. Es probablemente la cosa más parecida a una máquina del tiempo que me será dado ver." Sobre las relaciones y diferencias entre "azar objetivo" y "memoria involuntaria" ver Maxime Abolgassemi, "Hasard objectif et mémoire involontaire — solutions d'un même problème", artículo en línea, https://www.cairn.info/revue-poetique-2009-3-page-299.htm

surrealistas[83], a la noción de "azar objetivo" elaborada por Breton, que en *Los Vasos Comunicantes* (1932), citando a un tal Engels, escribe: "La causalidad sólo puede ser comprendida en relación con la categoría de azar objetivo, forma de manifestación de la necesidad."[84] Cinco años más tarde, en *El Amor Loco* (1937), tras pasar revista a la evolución del concepto de azar a lo largo de la historia citando a Aristóteles, Cournot (que define el azar como un "acontecimiento determinado por la combinación o el encuentro de fenómenos que pertenecen *a series independientes* [la cursiva es mía] en el orden de la causalidad"[85]) y Poincaré, Breton, al llegar a "los materialistas modernos", matiza su definición en los siguientes términos: "*El azar sería la forma de manifestación de la necesidad exterior que se abre camino en el inconsciente humano*"[86], precisando en el siguiente párrafo: "para nosotros se trataba de saber si un encuentro, elegido entre todos los de nuestro recuerdo y cuyas circunstancias inmediatamente

---

[83] Las alusiones al dadaísmo y al surrealismo son abundantes en la obra de Spicer, particularmente en *The Unvert Manifesto and Other Papers* y en « A Textbook of Poetry », tercera parte *The Heads of the Town Up to the Aether*.

[84] André Breton, *Les vases communicants*, Paris, Gallimard, 1955, p. 124.

[85] André Breton, *El amor loco*, Madrid, Alianza editorial, 2008, p. 34. Versión castellana de Juan Malpartida.

[86] *Ibid.*, p. 34.

adquieren a la luz del afecto un relieve especial, había sido
situado originalmente, para quien quisiera relatarlo, bajo
el signo de lo espontáneo, de lo indeterminado, de lo im-
previsible o incluso de lo inverosímil […] Contábamos con
todas las observaciones […] que hubiesen podido contem-
plarse sobre el cúmulo de circunstancias que ha presidido
dicho encuentro, para resaltar que tal cúmulo no es de
ningún modo inextricable y poner en evidencia *los lazos
de dependencia que unen las dos series causales (natural y
humana)* [la cursiva es mía], lazos sutiles, fugaces, inquie-
tantes en el estado actual del conocimiento humano, pero
que, bajo los pasos más inciertos del hombre, hacen surgir
en ocasiones vivos resplandores."[87] Aunque revindicando
el sinsentido Spicer se desmarque de la poética bretoniana
en el diario de Oliver Charming ("El Dadá en poesía no
es Breton")[88], me gustaría establecer la siguiente analogía:
si desencadenando una serie de asociaciones, condensa-
ciones y desplazamientos que sometidos a observación per-
miten "poner en evidencia los lazos de dependencia que
unen las dos series causales (natural y humana)", los en-

---

[87] *Ibid.*, pp. 34-35.
[88] Añade Spicer: « El Dadá en pintura no es Duchamp. […] El Dadá
en el sexo no es Sade. Un crimen contra la naturaleza ha de ser tam-
bién un crimen contra el arte. Un crimen contra el arte ha de ser tam-
bién un crimen contra la naturaleza. La belleza está en guerra
permanente contra Dios." *My vocabulary did this to me*, p. 77.

cuentros con el azar son según Breton "la forma de mani-
festación de la necesidad exterior que se abre camino en
el inconsciente", las *correspondencias* de Spicer (para el
que "ni siquiera el subconsciente tiene la paciencia que la
poesía requiere"[89]) podrían ser consideradas como mani-
festaciones azarosas (necesarias por tanto) de "la más po-
tente de todas las fuerzas del universo", el Sinsentido o
Mertz del que habla *The Unvert Manifesto*. Poniendo en
relación y sincronizando en cierto modo *cosas, seres* y
acontecimientos distantes y/o heterócronos, dichas corres-
pondencias parecen en efecto prescribir una serialización
del poema. Sea como sea, en *Admonitions* (libro en el
que, como ya he dicho, cada poema está dirigido a una
persona particular) dicha serialización, que ya había sido
puesta en práctica en *After Lorca*, ha sido plenamente in-
tegrada en la poética de Spicer, como lo deja entrever la
carta a Robin Blaser: "A mitad de *After Lorca* descubrí que
estaba escribiendo un libro en lugar de una serie de poe-
mas. [...] Sucede lo mismo con mis *Amonestaciones*. [...]
Realmente, el poema aislado no existe. De ahí que todo lo
que he hecho en el pasado (excepto las *Elegías* y *Troilus*[90])
me parezca repugnante. Los poemas no van a ninguna
parte. Son aventuras de una noche [one night stands],

---

[89] Primera carta de *After Lorca*, *My Vocabulary Did This to Me*, p. III.
[90] Pieza teatral escrita por Spicer entre 1953 y 1955.

henchidos (los mejores entre ellos) de sus propias emociones, pero sin ningún objetivo, tan insignificantes como el sexo en un baño turco. [...] Admíralos si quieres. Son bellos pero estúpidos. Los poemas deberían sonar y resonar los unos contra los otros. Deberían generar resonancias. Como nosotros mismos, no pueden vivir solos."[91] Correspondencias, resonancias, ecos: manifestaciones puntuales y necesariamente azarosas del Sinsentido, que es según el 17° punto de *The Unvert Manifesto* "un acto de amistad"[92], capaz como hemos visto de atravesar el tiempo. Así, pese a que "la soledad [sea] necesaria para la poesía pura" (quinta carta a Lorca), las correspondencias atestan que el trabajo poético presenta también una dimensión colectiva, según puede leerse en la primera carta a Lorca: "Tradición [...] significa generaciones de distintos poetas en distintos países contando pacientemente la misma historia, escribiendo el mismo poema, ganando y perdiendo algo con cada transformación — pero, por supuesto, no perdiendo realmente nada nunca."[93] A partir de *After Lorca*, el poema de Spicer será idealmente serial y tendrá por unidad de composición el libro.

Escrito también en 1957, pero de un tono diferente al de *After Lorca* y *Admonitions*, *A Book of Music* prolonga la

---

[91] *My Vocabulary Did This to Me*, p. 163.
[92] *Ibid.*, p. 75.
[93] *Ibid.*, pp. 110-111

experimentaciones de Spicer en torno el poema serial. Por medio de una confrontación entre literatura y música se abordan en él cuestiones ligadas a las relaciones entre lenguaje y realidad: "El sonido de las palabras mientras caen de nuestras bocas / Nada / Es menos importante / Y sin embargo esa silla / esta mesa / nombradas / Asumen identidades / ocupan sus lugares / Casi como una especie de música. / Las palabras hacen que las cosas / se nombren a sí mismas"[94] ("Duet for a Chair and a Table"). Reaparece de un modo insistente el motivo del océano, informe figuración de lo real, entidad proteica, mutante, queer (si en *El Océano Pacífico*, tercera sección de "A Portrait of the Artist as a Young Landscape" el mar "se maquilla de rojo"[95], en el primer poema de *Language* se habla como veremos de un océano "humillante en sus disfraces"[96]) cuya fluidez contrasta con las formas solidas y fijas del espacio terrestre. "El poema es una gaviota reposando en un muelle al final del océano"[97] había escrito Spicer en el poema de *After Lorca* titulado "A Diamond". Dicha gaviota es la figura central de las "Improvisaciones sobre una frase de Poe"[98] que abren *A Book of Music* :

---

[94] *Ibid.*, pp. 176-177.
[95] *Ibid.*, p. 9: "Pero a veces el mar se maquilla de rojo, parece / Una enlodada puta del destino con siete enfermedades".
[96] *Ibid.*, p. 373.
[97] *Ibid.*, p. 120.
[98] *Ibid.*, p. 171.

"Lo indefinido es un elemento de la verdadera música."
La gran concordia de lo que
No se inclina a la definición. La gaviota
Sola en el muelle desgañitándose
Ante ningún pez, ninguna otra gaviota,
Ningún océano. Tan absolutamente desprovista de
  significado
Como un corno francés.
No es ni siquiera una orquesta. Concordia
Sola en el muelle. La gran concordia de lo que
No se inclina a la definición. Ningún pez
Ninguna otra gaviota, ningún océano — la verdadera
Música.

Desvanecido pero omnipresente en estas "Improvisa-
ciones", reemerge el océano, infernal, apenas visible entre
las metonimias pero extremadamente nítido en su abstrac-
ción, en el poema titulado "Orfeo" al que ya he hecho re-
ferencia: "Afilado como una flecha Orfeo / Apunta su
música hacia abajo. / El infierno está allí / Al fondo del
acantilado. / Nada / Sana esta música. / Eurídice / Es una
fragata o una roca o unas algas."[99] Como puede observarse,
A Book of Music prolonga la serie de reflexiones sobre la

---

[99] *Ibid.*, p. 172.

percepción, el deseo, la memoria y la imaginación, y la escritura poética que Spicer ha ido tramando en torno a los motivos del océano y el mar desde sus primeros poemas y que sus libros posteriores retomarán. Si en "The window is a sword..." (escrito hacia 1955), Spicer había escrito "La ventana es una puerta. Toda belleza está detrás de ella. Mira, sanguijuela, la luz, la luz que se desvanece! Tras las grietas, las fisuras — vagos tigres caminando bajo soles de vainilla, océanos fatigados, monstruos del aire. Toda belleza está detrás de ella. Mira, sanguijuela, la luz! Esta ventana es una puerta. / La ventana es un océano"[100], en "A Textbook of Poetry" puede leerse: "La verdadera poesía está más allá de nosotros, más allá de ellos, rompiendo como pegamento. Y las rocas no estaban ahí y los pájaros reales, parecían gaviotas, anidaban en las rocas reales. Cerca del borde. El océano (el hábito de ver) el Cristo, el Logos en que no se cree, donde está su verdadero borde."[101] En "Dover Beach", primer poema de *Lament for the Makers* (1961), Spicer recurre a un "pun" (calambur) que juega con la homofonía entre los dos términos ingleses para poner en relación el mar ("sea") y el ver ("see") — las cursivas son mías: "Y el *mar* cambia [And the *sea* changes] / Pese al poeta que hay a su lado / Las olas

---

[100] *Ibid.*, p. 47.
[101] *Ibid.*, p. 313.

baten. / En su cráneo. El amor rompe en / caparazones de cangrejo y dólares de arena / He ahí lo que pierdes si no lo *mareas* [This you lose if you don't *sea* it]"[102]. Podría acaso leerse el calambur ("see/sea", ver/mar) como una manifestación o un reflejo de los cambios del mar en la lengua? Sea como sea, al escribir "This you lose if you don't sea it", Spicer hace coincidir el momento de la visión del mar con el de su nominación, como si la mirada y el lenguaje fueran de algún modo solidarios ("*Los límites de mi lenguaje* significan los límites de mi mundo"[103] escribe Wittgenstein en su *Tractatus*). De hecho en el primer poema[104] de *Helen: A Revision* (1960), en el que Spicer juega esta vez con la homofonía entre "ice" (hielo) y "eyes" (ojos), "el helado mar", que recuerda tanto al "condado fosilizado en símbolos" de "A Lecture in Practical Aesthetics" como a las tentativas "de momificar la tradición" evocadas en la carta a Lorca, bien podría ser una figura del lenguaje mismo :

Nada se sabe de Helena salvo su voz
Extrañas chispas brillantes
Que no encienden ningún fuego salvo lo que
  es re-ecoizado

---

[102] *Ibíd.*, pp. 318-319.
[103] Ludwig Wittgenstein, *Tractatus Logico-Philosophicus*, Alianza editorial, 1999, p. 143 (versión de Jacobo Muñoz e Isidoro Reguera).
[104] *My Vocabulary Did This to Me*, p. 237.

Re-cordado, dispuesto en el helado mar
   [*set on the* icy sea].
Toda la historia es una, como todo el polo norte es
   uno
Magnético, música con la que jugar, hielo [ice]
Que ha estado vinculado a la visión
   [*That has had to with* vision]
Y cada uno de nosotros, desnudo.
Cómplices. Desnudos.

Resonancias, acordes, recuerdos, registros de las "ex-
trañas chispas brillantes" ("La poesía, casi ciega como una
cámara de fotos / Está viva en la visión sólo por un se-
gundo" escribía Spicer en su primera *Elegía Imaginaria*)
recogidas en la lengua de *La Iliada*. Qué sabemos de He-
lena, de su belleza, sino lo que nos dice el poema de Ho-
mero? La tradición, no determina acaso nuestra
percepción y nuestras definiciones de la belleza? Qué hilo
de dicha tradición seguir si la poesía pretende ser algo más
que un hábito, una adicción, una costumbre, letra
muerta? Invitándonos a pensar, a leer, a escribir en los
márgenes e intersticios de los códigos establecidos, Spicer
ve dicho hilo en las rupturas, los cambios, los desplaza-
mientos y al cabo en la amistad del Sinsentido y en la des-
nudez cómplice entre "distintos poetas en distintos países
contando pacientemente la misma historia, escribiendo el

mismo poema, ganando y perdiendo algo con cada transformación — pero, por supuesto, no perdiendo realmente nada nunca." Escribe Spicer en "A Textbook of poetry"[105]:

"Déjeme de piedra," dicen las palabras que se esconden detrás de mi despertador o mi ropero o mi almohada. "Etonnez moi," dice incluso el Verbo.

Depende de nosotros sorprenderlas, a ellas y a Él. Extraer respuestas de las cavernas de los objetos o del Verbo Mismo. Sea lo que sea.

Sea Lo que sea no es un juego con las palabras sino entre las palabras, el sentido desciende y queda por un momento pendiendo de una pequeña cruz. En juego.

Y las pétreas palabras que se quedan aquí abajo con nosotros lo acogen enmudecidas casi torpemente proyectando sus propias sombras. Por ejemplo, la sombra que proyectó la cruz.

No, es mas bien el Lowghost [106] cuando Él queda enganchado a las palabras.

---

[105] *Ibid.*, p. 308.
[106] "Lowghost" (« Bajo espíritu »), casi homófono de *Logos* (Logos) en inglés, evoca también "el sagrado fantasma" ("Holy Ghost") que es el Espíritu Santo en el ámbito anglófono.

Signi-ficarlo conlleva inevitablemente su petrifica-ción, pero lo real es la utopía del poeta, su grial. Alcan-zarlo es imposible. Toda tentativa de propulsarlo y atraerlo hacia el poema esté quizás abocada al fracaso, pero como escribe Miguel Casado, "en la escritura — y en el arte — la imposibilidad se invierte como fuerza que incita a actuar, como formulación de un objetivo, como deseo que se tras-forma en necesidad. No es, pues, el fracaso de quien se lame las heridas, sino el de quien, cada vez, no renuncia, no se resigna, vuelve a escribir para intentar llegar a donde no se puede llegar. Con esto, no me refiero a metas he-roicas o extraordinarias, sino a las imposibilidades inscri-tas en la lengua misma. Tocar las cosas con las palabras. Decir algo no dicho cuando todo está dicho. Suspender por un momento los códigos que piensan por nosotros."[107] "Me gustaría hacer poemas a partir de objetos reales. Que el limón sea un limón que el lector pueda cortar o expri-mir o degustar — un limón real como el periódico en un collage es un periódico real. Me gustaría que la luna en mis poemas fuese una luna real, susceptible de ser cubierta por una nube que no tiene nada que ver con el poema — una luna absolutamente independiente de las imágenes. La imaginación retrata lo real. Me gustaría indicar hacia

---

[107] Entrevista online: https://www.solidaridaddigital.es/noticias/cul-tura/la-belleza-de-un-poema-no-reside-en-lo-que-dice-tampoco-en-como-lo-dice-sino-en-lo

lo real, des-cubrirlo, hacer un poema sin más sonido en él que el de un dedo indicando"[108] escribe Spicer en la tercera carta de *After Lorca*. Como he dicho, en su obra el océano aparece a menudo como una figuración proteica, mutante, informe, de lo real ("La distancia, dijo Einstein, se extiende en círculos. Es / Lo opuesto de una fiesta o una reunión social. / Avanzar no reduce la distancia. / Como / En las playas de California / Avanzar no me permite ir más lejos. / El subir de la marea / Partícula y onda / Onda y partícula / Distancias"[109]). Acercarse al océano, exponerse al oleaje de lo real con el deseo de atraerlo hacia el poema es peligroso. Hacerlo supone renunciar a los códigos poéticos al uso: "Luego, mientras avanzábamos hacia el gran océano / Nuestros poemas se iban volviendo más amenazantes. Las palabras sonaban como / M-U-E-R-T-E, A-M-O-R, y las focas aullaron desde lo alto de las rocas como la última línea de un poema francés"[110] puede leerse en "Dignity is a part of man..." Si por un lado la tentativa de conducir las palabras a través del tiempo para tratar de atraer lo real hacia el poema se traduce en un trabajo de escritura que, amenazando las distinciones entre poesía y prosa, las diferencias entre géneros literarios, las jerarquías entre alta y baja cultura, la separación entre lo pri-

---

[108] *My Vocabulary Did This to Me*, p. 133.
[109] *Ibid.*, « Love Poems », *Language*, p. 384.
[110] *Ibid.*, p. 233.

vado y lo público e incluso el cierre mismo del poema, resulta en la práctica de la composición serial; por otro lado la lengua es sometida en Spicer a todo tipo de deslizamientos, dislocaciones, rupturas. Como dice Peter Gizzi: "el poema mismo se vuelve un infierno de sentidos posibles"[III]. Un infierno — o un océano. El avance hacia éste tiene efectos en todos los niveles de la lengua. Son sus usos, y las costumbres del lector, lo que tratando de situarse a orillas de lo real los poemas de Spicer amenazan. Entre los rasgos característicos de la lengua spiceriana cabe señalar el recurso insistente al "pun"[112], juego homofónico que vuelve borrosa la relación entre significante y significado; una utilización muy particular de los pronombres y los tiempos verbales ("Every impossible choice *I had been making* [la cursiva es mía]" escribe Spicer en el tercer poema de "El libro de Perceval": por qué no "I made" o "I had made", formas más económicas? Deslizando el participio

---

[III] *The House That Jack Built*, p. 2.

[112] Hay una dimensión esotérica asociada al "pun" en la poesía de Spicer. En el primer poema del "Libro de Perceval" (*El santo grial*) se hace alusión a cierto « lenguaje de los pájaros » (« Bird-language » en el original). Podría tratarse de una alusión a la *Langue des oiseaux* ou *Langue verte* (« Lengua verde »), caracterizada por sus múltiples juegos con la homofonía, y asociada entre otros a los trovadores occitanos, la Alquimia y el Tarot. Pueden encontrarse alusiones explícitas a este último por ejemplo en *Billy The Kid* y en las *Elegías Imaginarias* (así en la segunda: "Los naipes del Tarot / hacen el amor con otros naipes del Tarot").

del verbo "to be" (*been*) Spicer insiste acaso en el hecho de que uno es el resultado de las elecciones que hace, de ahí mi traducción, que juega con la homonimia entre las formas de la primera persona del singular del pretérito perfecto simple de los verbos "ir" y "ser": "Cada imposible elección que yo *fui haciendo*"); una puntuación extremamente singular que puede no ajustarse a la sintaxis; un recurso frecuente al collage y un predomino de la yuxtaposición y de la parataxis. Destaca también el modo en que Spicer se sirve de los saltos de línea al final de ciertos versos. Como puede observarse en los libros incluidos en este volumen, sus poemas tienden a combinar versos cortos y largos versículos que se prolongan durante varias líneas a las que, a cada salto, Spicer aplica una sangría. A párrafos con sangría colgante en que los saltos de línea no producen efecto alguno suceden pasajes en que dichos saltos dan lugar a diversos tipos de accidentes en todos los niveles de la lengua. Potenciales puntos de inflexión, ruptura o deflagración del sentido, los saltos de línea juegan a menudo un rol importante en la organización y desorganización de la materia poética. Me gustaría centrarme en el sexto poema de "El libro de Lancelot" ("El irlandés solamente ha inventado tres cosas útiles") para abordar esta cuestión. Como puede observarse, en la primera parte del poema (hasta "el pueblo en que nació tu abuela") los saltos de línea coinciden con la puntuación y se ajustan a la sintaxis. Sin embargo, en la segunda parte, tras el pasaje en que Spicer se dirige a sí mismo ("Jack, bromas aparte...") las cosas comienzan a enrarecerse. El adjetivo "peligroso" ("perilous") queda aislado del substantivo que califica ("bosque") por medio de un encabalgamiento. Pero la frase ("es como adentrarse en ese bosque / Peligroso...") se prolonga en la línea siguiente, puesto que no hay signo de puntuación después de "peligroso", adjetivo que afecta también al enunciado "No lugar para Lancelot" en la línea siguiente. Una amenaza parece así cernirse sobre dicho enunciado. Se llega así, peligrosamente, a la penúltima línea del poema, en la que la lengua se desarticula y se rearticula en torno a los pronombres "tú" y "yo". Debo señalar que en mi traducción he debido hacer concesiones. He aquí la versión original de las tres últimas líneas del poema:

No place for Lancelot, who has killed more men
Than you I-
Rish will ever see.

Por un lado Spicer elide la coma que se pone habitualmente tras un vocativo, "you", cuando lo que le sigue es un adjetivo calificativo en aposición — un gentilicio en este caso ("I-/Rish", "I-/Rlandes"). Por otro lado, Spicer corta dicho gentilicio en dos, aislando al final de la penúltima línea la primera letra, que puede así leerse como pronombre de la primera persona: "I" ("yo"). Hasta aquí lo que torpemente he intentado restituir añadiendo en mi traducción la palabra "payo" y aplicando el salto de línea tras la primera sílaba ("pa-"). Sin embargo, en el original, el hecho de aislar "I" libera ciertas virtualidades semánticas del plano fonético: "I" /aɪ/ es en inglés homófono de "eye" /aɪ/ ("ojo")[113]. El lector ve el pronombre de la primera persona en la página, pero si su mirada no lo ensordece, puede escuchar el ojo ("eye") que resuena en torno al "yo" ("I"). O acaso frente a él: el "tú" (a menos que se trate de un "vosotros") al que se dirige el apóstrofe de la penúltima línea sería en tal caso el "ojo" mismo. Sus ecos resuenan en la última línea, puesto que "Irish"/'aɪɹɪʃ/ es casi un homófono de "iris" /'aɪɹɪs/ ("iris" en español: la membrana ocular). Dichos ecos se prolongan hasta el final del poema, que se cierra con el verbo "ver" ("see"). Qué

---

[113] Asociado con la figura de Dios ("God must have a big eye to see everything", "The moon is God's big yellow eye remembering / What we have lost", "Da. I don't remember what I lost. Dada.", *Segunda elegía*; "Poet, / Be like God", *Tercera elegía*), el par *yo-ojo* aparece ya en las *Elegías Imaginarias*. La primera juega con la homofonía entre "I" y "eye" (remárquese también la asonancia con el verbo "write"): "The temporary tempts poetry / Tempts photographs, tempts *eyes*. / *I* conjure up / From photographs / The birds / The boy / The room in which *I* began to *write* this poem / All / My *eye* has seen or ever could have seen / *I* love / *I* love — The *eyelid* clicks / *I* see / Cold Poetry / At the edge of their image [las cursivas son mías]", *Primera elegía*). *My Vocabulary Did This to Me*, pp. 26-27.

sentido puede tener esta deflagración del sentido en las esquinas de la frase, donde, en ausencia de una coma, el yo parece acoplarse al tú mientras un ojo se desprende de su iris para inspeccionar el oído del lector? *Corresponde* a este último dar, si así lo desea, una respuesta a esta pregunta.

El periodo que va de 1958 a 1963 es extremadamente fértil para Spicer, que escribe durante esos cinco años numerosos libros, entre los que figuran los cuatro incluidos en este volumen. Muchos de ellos sólo serán publicados póstumamente. Es el caso de *Una carretilla roja* y *Gólem*, que aparecerán en 1971 y 1999 respectivamente. Lo mismo ocurrirá con *The Tower of Babel*, novela de detectives que Spicer empieza a escribir a principios de 1958 y que dejará inacabada, cuya publicación habrá de esperar hasta 1994. De 1958 datan también *Billy The Kid* (que será publicado en 1959), *Fifteen False Propositions Agains God* [114] y un esbozo de libro sobre el Tarot[115]. Durante el otoño de ese mismo año llega a San Francisco desde Fort Wayne (Indiana) el joven aspirante a poeta James Alexander, con el que Spicer entablará una relación de la que se harán eco

---

[114] Publicado en 1974.
[115] Se ha conservado en efecto un "plan para un libro sobre el Tarot" esbozado por Spicer, y publicado en Boundary 2 (New York: Suny Binghampton, 1977).

varios de sus libros de estos años[116]. En paralelo a su trabajo de escritura, Spicer, que había obtenido un puesto de trabajo en Berkeley a finales de 1957, trabaja en colaboración con David Reed en la elaboración de un atlas lingüístico. En 1959 se asocia con el pintor Fran Herndon para crear la revista *J*, que publica tanto a autores ya editados como a poetas noveles. Spicer selecciona personalmente el material publicado, ya sea solicitando la contribución de autores específicos ya eligiendo entre los textos que uno podía proponer libremente a la revista introduciéndolos en la caja que Spicer había dejado a este efecto en The Place (más tarde en el Green Bar y finalmente en Gino & Carlo). En su año de existencia, *J* publicará cinco números que, por decisión de Spicer, serán exclusivamente distribuidos en el Área de la Bahía. El primero de ellos incluye *The Jack Rabbit Poem* de James Alexander y contribuciones de Richard Brautigan, Robert Duncan, Harvey Harmon y Robin Blaser. Tras varios años residiendo en Boston, este último regresa a San Francisco en 1960, año durante el cual varios de los poetas más o menos próximos al círculo de Spicer se marchan de San Francisco (George

---

[116] Así *Letters to James Alexander* (1958-1959), *Apollo Sends Seven Nursery Rhymes to James Alexander* (1959), *A Birthday Poem for Jim (and James) Alexander* (1959), que serán publicados póstumamente, y *The Heads of the Town Up to the Aether*.

Stanley, Joanne Kyger, Gary Snider, Duncan). Asiduo de los bares de North Beach, Spicer incrementa su consumo de alcohol. En mayo es publicada una antología importante, *The new american poets 1945-1960*, a cargo de Donald Allen, que incluye las cuatro primeras *Elegías Imaginarias*, y que será distribuida a escala nacional, lo cual contribuirá a dar a conocer la obra de Spicer. Entre 1960 y 1961, éste escribe sucesivamente *Helen: A Revision*, *The Heads of the Town Up to the Aether* y *Lament for the Makers*. Los dos últimos serán publicados en 1962. La edición de *The Heads of the Town Up to the Aether* correrá a cargo de The Auerham Society, a la que se hace alusión en *Golém*. Será *The Heads* el primer libro de Spicer sometido por contrato a derechos de autor. Spicer, cuya poética contesta radicalmente la noción de autoría, vivió mal el haber aceptando el *copyright*. De hecho, tras su publicación, Spicer prohibió por un lado que el libro fuera vendido en City Lights, la librería de Lawrence Ferlinghetti (una de las más frecuentadas por los lectores de poesía de San Francisco), y por otro lado puso impedimentos a su distribución a escala nacional, lo cual contribuyó a que *The Heads* se vendiera y circulara poco. Todo ello no impide que Spicer encadene la escritura de tres libros durante 1962: *Una carretilla roja*, *El Santo Grial* (cuyos primeros poemas datan de finales de 1961) y *Gólem*. Se cierra con este libro el periodo de escritura más intenso de la vida de Spicer.

"Cuando alguien alaba mi trabajo tengo la sensación de que está hablando de mi hermano"[117], dijo Spicer en una ocasión. A lo largo de esta presentación hemos visto que en su obra la figura del poeta es asimilada a la de un mediador o intercesor: *taumaturgo* que transita entre el mundo de lo muerto y el de lo vivo; *traductor* que hace revivir la voz de Lorca; *transductor* de la energía del Sinsentido o Mertz; *encrucijada corporal* en la que tienen lugar imprevisibles correspondencias. A partir de finales de los años 50 el repertorio de metáforas, comparaciones y analogías utilizadas para describir el trabajo poético se pone a proliferar y va volviéndose cada vez más complejo. Spicer desarrolla todo un vocabulario en torno a la noción de correspondencia en el que se cruzan referencias a la tradición poética y a la cultura popular. Su obra es así atravesada por motivos como el ángel (presente desde sus primeros poemas — del griego "ángelos", mensajero), los mensajes (epistolares, radiofónicos o marcianos), el correo y sus oficinas: "Has luchado alguna vez contra un pájaro, / Tú lector idiota? / Jacob luchó contra un ángel" ("Song for Bird and Myself"); "Un novertido es un ángel de Kubla Kahn"[118] (*The Unvert Manifesto and Other Pa-*

---

[117] *Poet Be Like God*, p. X.
[118] *My Vocabulary Did This to Me*, p. 76.

pers); "Con las manos entrelazadas, caminaron por todas las calles por las que era posible caminar, un ángel les dictaba las aceras"[119] (*Fifteen letters to James Alexander*); "Finalmente los mensajes penetran / Hay un cadáver de imagen — penetran / El cadáver de una radio"[120](*Language*); "El poeta / recibe demasiados mensajes. La derecha en la oreja que lo tumbó en New Jersey. El derecho de decir que aguantó seis rounds contra un campeón"[121] ("Sporting life", *Language*); "Poco después de nacer en una oficina de correos [Rimbaud] empezó a ejercitar su boca en un nuevo lenguaje. [...] Escribía poesía al pie de la oficina de correos. No se dirigía a nadie. No podía concebir para qué servían las cartas, ni las letras ni los números. Era un bebé. No podía imaginar un mundo completo"[122] ("A Fake Novel About the Life of Arthur Rimbaud", *The Heads of the Town Up to the Aether*); "Cartas, poemas, besos (puesto que el juego original del correo anda atascado en las misteriosas regiones de la infancia) son enviados por un sistema fantásticamente ineficaz hacia allá arriba, donde se halla el lugar del que proviene la poesía, y remitidos luego hacia la persona que se encuentra aquí abajo y a cuya poesía, cartas, o amor es-

---

[119] *Ibid.*, p. 206.
[120] *Ibid.*, p. 376.
[121] *Ibid.*, p. 373.
[122] *Ibid.*, p. 283.

taba destinado el envío. Es algo muy diferente del Correo Aéreo"[123] (*Letters to James Alexander*). El poema llega inesperada, bruscamente, desde el exterior. No es expresión de la interioridad del poeta, sino hallazgo azaroso y objetivo. Asimilado a un baile ("Nuestra Señora / Es algo así como una pareja de baile para la memoria. / Bailará usted, Señora, / Muerta e inesperada?" puede leerse en *Billy The Kid*) o a un combate (Jacob contra el ángel, la lucha del aspirante a inspirado contra el daimon-campeón que tumbó a Spicer en New Jersey — "Invité a un daimon / A un ángel guardián a acercarse / Para que pudiéramos / Observarnos mutuamente"[124], puede leerse en *Helen: A Revision*), el encuentro con el poema pone en jaque al poeta, que no gobierna su elaboración y que será asimilado tanto a un transistor de radio (mueble parlante que Spicer incorpora a su poética tras ver *Orfeo*, la película de Jean Cocteau, en la que el héroe interpretado por Jean Marais recibe los poemas dictados por Cégeste, el joven que muere atropellado al principio de la película, a través de la radio del coche conducido por Heurtebise, ángel o mensajero al servicio de la Princesa Muerte) como a un jugador de béisbol (principalmente el cátcher o receptor) rodeado de entidades espectrales o a un médium

---

[123] *Ibid.*, p. 207.
[124] *Ibid.*, p. 244.

visitado por fantasmas: "No nos escribimos los unos a los otros. Somos transistores de radio irritables (pero la imagen de la cabeza de caballo parlante colgada de una pared en el primer Orfeo de Cocteau sería una imagen más justa) pero nuestros poemas se escriben entre ellos, siguiendo sus propios propósitos, y no menos misteriosos en su universo que nosotros en el nuestro"[125] (*Letters to James Alexander*); "Pretendía él ser una estación de radio y cada día y cada noche se pasaba el día y la noche escuchando música grial" ("Libro de Merlín"); "El problema de comparar al poeta con una radio es que las radios no desarrollan tejido cicatricial. [...] El poeta es una radio. El poeta es un mentiroso. El poeta es una radio que devuelve los golpes"[126] (*Language*); "Obviamente los lanzadores no son humanos. Están habitados por los fantasmas de los muertos. Tú esperas mientras fruncen el ceño, se llevan la mano a la boca, se agitan como marionetas, mientras tú esperas atrapar la bola"[127] (*Book of Magazine Verse*); "Virgen señora / Autora de la palabra única / Dame la fuerza de estar alegre. El corazón lo desea / La bola rebota / Tan rápido que el ojo no lo puede ver"[128] (*Fifteen False Propositions Against God*). Se va gestando

---

[125] *Ibid.*, p. 209.
[126] *Ibid.*, pp. 373-374.
[127] *Ibid.*, p. 415.
[128] *Ibid.*, p. 200.

así la noción de "dictado poético", que Spicer tratará de definir en sus *Lecciones de Vancouver* articulándola con la de "poema serial". "Uno ha de adentrarse en el poema serial sin saber qué demonios está haciendo. Eso es lo primero. Hay que adentrarse a ciegas en él. El camino a seguir no se encuentra en ningún mapa"[129]. "No voy a mirar en ningún caso hacia atrás al seguir este sendero ni a dejar marcas en los árboles para saber dónde estoy. [...] Hay que dejar que el poema mire hacia delante. Seguir simplemente el jodido sendero para ver a dónde va. Y a veces no va a ninguna parte."[130] La forma del poema serial no puede pues venir predeterminada, sino que se va elaborando al margen de la voluntad del poeta durante el proceso de escritura, algo que la carta de *Admonitions* dirigida a Robin Blaser dejaba ya entrever: "A mitad de *After Lorca* descubrí que estaba escribiendo un libro en lugar de una serie de poemas". Al comentar *El Santo Grial* en su "Segunda Lección de Vancouver" Spicer dirá algo parecido: "Antes de llegar a la mitad del libro no tenía ni idea de que las voces en el poema eran las voces de los buscadores del Grial"[131]. Según Peter Gizzi "la serialidad no es una simple manifestación de la sucesión temporal ni la ilustración de

---

[129] *The House that Jack Built*, p. 52.
[130] *Ibid.*, p. 54.
[131] *Ibid.*, p. 54.

un meta-discurso o de un problema retórico. Para Spicer, la práctica de la composición serial consiste en escribir por unidades que estando de algún modo en relación no se someten a una estructura totalizadora. Las conexiones entre ellas son de orden poético. El poeta debe pues esforzarse en ignorar la progresión del poema y evitar que el contenido se unifique en un mensaje que él o ella pueda controlar. Como a Orfeo, al poeta se le exige no mirar atrás."[132] Para seguir las vías que el poema traza, el poeta debe tratar de vaciarse y "suspender — como dice Casado — los códigos que piensan por [él]": "Entonces tratas de ver si puedes evacuar de tu mente las cosas que eres, lo que deseas, y todo lo demás. A veces es una lucha de doce horas para obtener un poema de diez líneas, sin cambiar ni una sola palabra mientras escribes, simplemente tratando de distinguir entre tú y el poema mientras avanzas. La distinción absoluta del Afuera y el adentro. [...] Esencialmente eres algo que recibe mensajes, y cuanto más vacías tu mente de ti mismo más te censuras — porque de tu mente, de las profundidades de tu mente, de aquello que deseas, irán saliendo todo tipo de cosas que arruinarán el poema."[133] Se llega así a la idea de que el proceso de escritura de un

---

[132] *Ibid.*, p. 50.
[133] *Ibid.*, p. 7.

poema válido responde u obedece a un dictado: "En primer lugar, un poema serial tiene por unidad el libro [...]. La forma [*form*][134] de éste es dictada como es dictada la forma individual de un poema individual"[135]; "El libro es algo más estructurado [que el poema individual] pero es el dictado y no el poeta lo que debe determinar su estructura."[136] Solamente confiando su voz a dicho dictado pueda acaso el poeta emanciparse de los códigos establecidos y liberar la palabra. Qué es lo que dicta formas y estructuras? El poema mismo, entidad fantasmagórica, espectral, que ejerce a su vez de emisaria de lo que, rebautizando el Sinsentido o *Mertz* del que habla "The Unvert Manifesto" ("la

---

[134] En *The Practice of the Outside* (1975), uno de los primeros ensayos consagrados a la obra de Spicer, Robin Blaser señala que la distinción entre "*form* as proceeding" ("forma en tanto que proceso") y "*shape* as superinduced" ("forma en tanto que sobreañadido") establecida por Coleridge está activa en la poética de Spicer (Robin Balser, "The Practice of the Outside, en *The Fire: The Collected Essays of Robin Blaser*, Berkeley, University of California Press, 2006). Al calificar de "informes" los fuegos del infierno en "Orpheus in Hell", poema al que he hecho alusión más arriba, Spicer utiliza el término "shapeless": "Even over the noise of the *shapeless* fires". Cabe pensar que dichos fuegos, los del infierno de lo prosaico, la contingencia, el sinsentido, El Afuera, no son "formless", y que las cambiantes figuras y coloraciones que adoptan al arder responden a la absurda y azarosa lógica de las *correspondencias o reacciones resultantes de una extraña química (acaso la regida por las leyes de una *Patafísica* como la de Alfred Jarry).

[135] *Ibid.*, p. 52.

[136] *Ibid.*, p. 54.

más potente de todas las fuerzas del Universo"), Spicer
llama en sus *Lecciones de Vancouver* el "Afuera" (*The
Outside*). Dicho Afuera podría acaso asimilarse a lo real
más allá (o más acá) de sus representaciones, del que invi-
sible bajo o tras su maquillaje y sus disfraces ("Te prometo
lo siguiente — que si vuelves a California te enseñaré desde
dónde envían las cartas — todos ellos, los poemas y el océ-
ano. Lo invisible"[137], puede leerse en la cuarta carta a James
Alexander) el océano es como hemos visto una de las prin-
cipales figuraciones. Con el subir de la marea ("Partícula
y onda / Onda y partícula / Distancias") sus mensajes llegan
hasta el poeta como un rumor en lengua angélica o extra-
terrestre y son "distorsionados" al pasar a través de él, a
través de su mundo, su lenguaje. Este último es al fin y al
cabo la matriz de todos los códigos. Si en el primer poema
de *Helen: A Revision* el lenguaje y sus codificaciones apa-
recían como un "mar helado", en la primera de sus lec-
ciones de Vancouver Spicer establece una analogía
tecno-energética: "Las palabras son resistores[138] [*counters*,
a un tiempo contadores que registran la energía del Afuera
y resistencias que la contrarían], y toda la estructura del

---

[137] *My vocabulary did this to me*, p. 208.
[138] Se denomina resistencia o resistor al componente electrónico dise-
ñado para introducir una resistencia eléctrica determinada entre dos
puntos de un circuito eléctrico (https://es.wikipedia.org/wiki/Resistor).

lenguaje es esencialmente un resistor. Opone resistencia a lo que el poema quiere hacer"[139]. Expuestos por el poema a las fuerzas del Afuera, los usos y estructuras (gramaticales, sintácticas, discursivas) del lenguaje padecen a su vez torsiones, distorsiones, fracturas. Ciertos plomos llegan a fundirse. Al calor del Afuera las aguas del mar lingüístico se deshielan. Al menos durante un momento. Así en el poema que abre "Thing Language"[140] ("Cosa lenguaje"), primera parte de *Language*, el océano real y el del lenguaje parecen batir el uno contra el otro :

Este océano, humillante en sus disfraces
Más duro que cualquier otra cosa.
Nadie presta oído a la poesía. El océano
No pretende ser escuchado. Una gota
O un golpe de mar. Significa
Nada.
Es
Pan y mantequilla
Pimienta y sal. La muerte
A la que aspiran los jóvenes. Bate sin propósito
Alguno la costa. Blancas señales sin propósito. Nadie
Presta oído a la poesía él.

---

[139] *The House That Jack Built*, p. 30.
[140] *My Vocabulary Did This to Me*, p. 373.

Durante el invierno de 1963 Spicer sufre un accidente de tráfico en el que se fractura varias costillas y del que nunca llegará a recuperarse completamente. De hecho, sus dos últimos años de vida están marcados por una agravación de su alcoholismo y un deterioro progresivo de su salud. Pese a las dificultades, Spicer se embarca en la escritura de sus *Map Poems* y de *Language* a finales de 1963. En 1964 es despedido de Berkeley. Spicer acepta entonces un trabajo a tiempo parcial en la universidad de Stanford. Durante el verano inicia una psicoterapia en el Mt. Zion Hospital que se prolongará hasta principios de 1965. Invitado por Warren Tallman, profesor en la Universidad de Columbian Británica, Spicer viaja en febrero de ese año a Vancouver para participar en el Vancouver Poetry Festival. Tiene lugar allí la primera lectura pública de *Language*. Al volver a San Francisco Spicer empieza a escribir *Book of Magazine Verse*. En dificultades económicas, trabaja durante unos días como dependiente en la librería Shakespeare and Company de Berkeley. En junio vuelve a ser invitado a Vancouver para dar una lectura en la New Design Gallery en compañía de Stan Persky y Robin Blaser. Es durante este segundo viaje que Spicer imparte sus tres "Lecciones de Vancouver". Los encuentros tienen lugar en casa de Warren y Ellen Tallman el 13, el 15 y el 17 de junio. De regreso a San Francisco, ya muy mermado físicamente, Spicer participa en la Berkeley Poetry Conference dando una lectura y una última conferencia titulada "Poesía y política". El 31 de julio, tras haber pasado la tarde en el Aquatic Park, Spicer se derrumba en el ascensor del inmueble en que vive víctima de un coma hepático. Pasa un par de semanas hospitalizado en el San Francisco General Hospital. Fallece el 17 de agosto. Sus últimas palabras, dirigidas a Robert Blaser desde su lecho de muerte: "Es mi vocabulario el que me ha hecho esto. Tu amor te permitirá continuar."

BILLY THE KID
(1958)

BILLY THE KID

(1958)

I.

The radio that told me about the death of Billy The Kid

(And the day, a hot summer day, with birds in the sky)

Let us fake out a frontier — a poem somebody could hide in with a sheriff's posse after him — a thousand miles of it if it is necessary for him to go a thousand miles — a poem with no hard corners, no houses to get lost in, no underwebbing of customary magic, no New York Jew salesmen of amethyst pajamas, only a place where Billy The Kid can hide when he shoots people.

Torture gardens and scenic railways. The radio

That told me about the death of Billy The Kid

The day a hot summer day. The roads dusty in the summer. The roads going somewhere. You can almost see where they are going beyond the dark purple of the horizon. Not even the birds know where they are going.

The poem. In all that distance who could recognize his face.

I.

La radio que me anunció la muerte de Billy The Kid

(Y el día, un caluroso día de verano, con pájaros en el cielo)

Permítenos fingir una frontera — un poema en el que alguien pudiera esconderse con la patrulla de un sheriff detrás de él — de mil millas si es necesario para él recorrer mil millas — un poema sin esquinas duras, sin casas en las que perderse, sin los tejemanejes de la magia acostumbrada, sin comerciantes judíos de Nueva York vendiendo pijamas amatista, simplemente un lugar en el que Billy The Kid pueda esconderse cuando dispara a gente.

Jardines de tortura y trenes panorámicos. La radio

Que me anunció la muerte de Billy The Kid

El día un caluroso día de verano. Polvorientos los caminos en verano. Los caminos que van a alguna parte. Casi alcanzas a ver hacia dónde se dirigen más allá del púrpura oscuro del horizonte. Ni siquiera los pájaros saben a dónde van.

El poema. A tal distancia quién sería capaz de reconocer su rostro.

II.

A sprinkling of gold leaf looking like hell flowers
A flat piece of wrapping paper, already wrinkled,
    but wrinkled again by hand, smoothed into
    shape by an electric iron
A painting
Which told me about the death of Billy The Kid.
Collage   a binding together
Of the real
Which flat colors
Tell us what heroes
         really come by.
No, it is not a collage. Hell flowers
Fall from the hands of heroes
        fall from all of our hands
                flat
As if we were not ever able quite to include them.
His gun
    does not shoot real bullets
           his death
Being done is unimportant.
Being done
In those flat colors

II.

Un chispear de hojas de oro semejantes a flores del
    infierno
Un monótono papel de embalar, ya arrugado, pero
    arrugado con la mano una vez más, alisado hasta
    que toma forma con una plancha eléctrica
Un cuadro
Que me anunció la muerte de Billy The Kid.
Collage   un ensamblarse
De lo real
Qué monótonos colores
Nos dicen de los héroes cuáles son
                      realmente sus logros.
No, no es un collage. Flores del infierno
Caen de las manos de héroes
        de todas nuestras manos caen
                monótonamente
Como si nunca fuésemos capaces de darles cabida.
Su pistola
      no dispara balas reales
              su muerte
Una vez ejecutada es irrelevante.
Una vez ejecutada
Con esos monótonos colores

Not a collage
A binding together,   a
Memory.

No un collage
Un ensamblarse,   un
Recuerdo.

III.

There was nothing at the edge of the river
But dry grass and cotton candy.
"Alias," I said to him. "Alias,
Somebody there makes us want to drink the river
Somebody wants to thirst us."
"Kid," he said. "No river
Wants to trap men. There ain't no malice in it. Try
To understand."
We stood there by that little river and Alias took
    off his shirt and I took off my shirt
I was never real. Alias was never real.
Or that big cotton tree or the ground.
Or the little river.

III.

A la orilla del río no había nada
Más que hierba seca y algodón de azúcar.
"Alias", le dije. "Alias,
Alguien por ahí hace que queramos bebernos el río
Carnal alguien nos quiere sedientos."
"Kid", dijo. "Los ríos no
Desean tender trampas al hombre. No hay malicia
    en ellos. Trata
De comprender."
Estábamos allí junto a aquel pequeño río y Alias se
    quitó su camisa y yo me quité mi camisa
No habiendo sido Yo nunca real. No habiendo sido
    Alias nunca real.
O ese gran algodonero o la tierra.
O el pequeño río.

IV.

What I mean is
I
Will tell you about the pain
It was a long pain
About as wide as a curtain
But long
As the great outdoors.
Stig-
        mata
Three bullet holes in the groin
One in the head
                    dancing
Right below the left eyebrow
What I mean is I
Will tell you about his
Pain.

IV.

Lo que quiero decir
Yo es
Que desearía hablarte de la agonía
Fue una larga agonía
No más ancha que un telón
Pero larga
Como el campo inmenso.
Stig-
        mata
Tres agujeros de bala en la ingle
Uno en la cabeza
                    bailoteando
Justo bajo la ceja izquierda
Lo que quiero decir yo
Es que desearía hablarte de su
Agonía.

V.

Billy The Kid in a field of poplars with just one
        touch of moonlight
His shadow is carefully
              distinguished from all of their shadows
Delicate
      as perception is
No one will get his gun or obliterate
Their shadows.

V.

Billy The Kid en un campo de álamos con un ligero
    toque de claridad lunar
Su sombra se distingue
        cuidadosamente entre todas sus sombras
Delicada
      como lo es la percepción
Nadie se hará con su pistola u obliterará
Esas sombras

VI.

The gun
A false clue
                    Nothing can kill
Anybody.
Not a poem or a fat penis. Bang,
Bang, bang. A false
Clue.
Nor immortality either (though why immortality
    should occur to me with somebody who was as
    mortal as Billy The Kid or his gun which is now
    rusted in some rubbish heap or shined up
    properly in some New York museum) A
False clue
Nothing
Can kill anybody. Your gun, Billy,
And your   fresh
Face.

VI.

La pistola
Un falso indicio
               Nada puede matar
A nadie.
Ni un poema ni un grueso pene. Bang,
Bang, bang. Un falso
Indicio.
Ni la inmortalidad tampoco (pero por qué habría
    de ocuparme la inmortalidad con alguien que era
    tan mortal como Billy The Kid o su pistola que
    estará hoy oxidada en algún montón de basura o
    meticulosamente bruñida en algún museo de
    Nueva York) Un
Falso indicio
Nada
Puede matar a nadie. Tu pistola, Billy,
Y tu   lozano
Rostro.

VII.

Grasshoppers swarm through the desert.
Within the desert
There are only grasshoppers.
Lady
Of Guadalupe
Make my sight clear
Make my breath pure
Make my strong arm stronger and my fingers tight.
Lady of Guadalupe, lover
Of many   make
Me avenge
Them.

Los saltamontes bullen en enjambres al cruzar el
    desierto.
Desierto adentro
Sólo hay saltamontes.
Señora
De Guadalupe
Haz que mi vista sea clara
Haz que mi aliento sea puro
Haz que mi brazo fuerte sea aún más fuerte y da
    firmeza a mis dedos.
Señora de Guadalupe, que tanto amas
A tantos   haz
Que yo pueda
Vengarlos.

VIII.

Back where poetry is Our Lady
Watches each motion when the players take the
    cards
From the deck.
The Ten of Diamonds. The Jack of Spades. The
Queen Of Clubs. The King of Hearts. The Ace
God gave us when he put us alive writing poetry
    for unsuspecting people or shooting them with
    guns.
Our Lady
Stands as a kind of dancing partner for the
    memory.
Will you dance, Our Lady,
Dead and unexpected?
Billy wants you to dance
Billy
Will shoot the heels off your shoes if you don't
    dance
Billy
Being dead also   wants
Fun.

VIII.

Allá donde la poesía es Nuestra Señora
Vigila cada gesto mientras los jugadores van
	sacando los naipes
De la baraja.
El Diez de Diamantes. La Jota de Picas. La Reina
De Tréboles. El Rey de Corazones. El As
Que Dios nos dio cuando nos puso en vida
	escribiendo poesía para gente ingenua o
	disparándoles con pistolas.
Nuestra Señora
Es algo así como una pareja de baile para la
	memoria.
Bailará usted, Señora,
Muerta e inesperada?
Billy quiere que usted baile
Billy
Hará saltar a tiros los tacones de tus zapatos si no
	bailas
Billy
Muerto él también   desea
Divertirse.

IX.

So the heart breaks
Into small shadows
Almost so random
They are meaningless
Like a diamond
Has at the center of it a diamond
Or a rock
Rock.
Being afraid
Love asks its bare question —
I can no more remember
What brought me here
Than bone answers bone in the arm
Or shadow sees shadow —
Deathward we ride in the boat
Like someone canoeing
In a small lake
Where at either end
There are nothing but pine-branches —
Deathward we ride in the boat
Broken-hearted or broken-bodied
The choice is real. The diamond. I
Ask it.

IX.

Así se rompe el corazón
En pequeñas sombras
Casi tan aleatorias
Que carecen de sentido
Como un diamante
Tiene en su centro un diamante
O una roca
Roca.
Asustado
Amor hace su cruda pregunta —
Ya no alcanzo a recordar
Lo que me trajo aquí
Sino como alcanza el hueso a responder al hueso en
    el brazo
Y a ver sombra la sombra —
Hacia la muerte vamos a bordo de la barca
Como quien va remando
Por un pequeño lago
En cuyos bordes no hay
Sino ramas de pino —
Hacia la muerte vamos a bordo de la barca
Ya roto el corazón ya roto el cuerpo
La alternativa es real. El diamante. Yo
Le pregunto a él.

X.

Billy The Kid
I love you
Billy The Kid
I back anything you say
And there was the desert
And the mouth of the river
Billy The Kid
(In spite of your death notices)
There is honey in the groin
Billy

X.

Billy The Kid
Te amo
Billy The Kid
Yo apoyo todo lo que digas
Y había el desierto
Y la boca del río
Billy The Kid
(Pese a tus notas necrológicas)
Hay miel en la ingle
Billy

A RED WHEELBARROW
(1962)

UNA CARRETILLA ROJA
(1962)

A RED WHEELBARROW

Rest and look at this goddamned wheelbarrow. Whatever
It is. Dogs and crocodiles, sunlamps. Not
For their significance.
For their significance. For being human
The signs escape you. You, who aren't very bright
Are a signal for them. Not,
I mean, the dogs and crocodiles, sunlamps. Not
Their significance.

UNA CARRETILLA ROJA

Descansa y mira esta maldita carretilla. Sea
Lo que sea. Perros y cocodrilos, lámparas
   de bronceado. No
Por lo que significan.
Por lo que significan. Por ser humano
Los signos te rehúyen. Tú, que no eres muy brillante
Eres una señal para ellos. No,
Quiero decir, los perros y cocodrilos, lámparas
   de bronceado. No
Lo que significan.

LOVE

Tender as an eagle it swoops down
Washing all our faces with its rough tongue.
Chained to a rock and in that rock, naked,
All of the faces.

AMOR

Tierno como un águila se cierne
Lavando todas nuestras caras con su lengua áspera.
Encadenado a una roca y en esa roca, desnudas,
Todas las caras.

LOVE II

You have clipped his wings. The marble
Exposes his wings clipped.
       "Dead on arrival":
You say before he arrives anywhere.
The marble, where his wings and our wings in similar
    fashion blossom. End-
Less.

AMOR II

Has cortado sus alas. El mármol
Expone sus alas cortadas.
          "Muerto al llegar":
Dices antes de que él llegue a parte alguna.
El mármol, donde de un modo similar sus alas y las
     nuestras florecen. Sin
Fin.

LOVE III

Who pays attention to the music the stone makes
Each of them hearing its voice.
Each of them yells and it is an echo bouncing the stone
    hard.
Imprisoned in the stone the last of the stone, the last
    of the stone singing, its hard voice.

AMOR III

Que presta atención a la música que la piedra hace
Cada uno de ellos oyendo su voz.
Cada uno de ellos chilla y es un eco que estremece a la
   piedra.
Aprisionada en la piedra la última piedra, la última
   piedra cantando, su dura voz.

LOVE IV

There are no holds on the stone. It looks
Like a used-up piece of chewing gum removed
    from all use because they left it. Naturally
It cannot afford to exist.
Without it I cannot afford to exist. Within
The black rock.

AMOR IV

No hay asideros en la piedra. Parece
Un chicle usado y fuera de uso porque ellos lo
    abandonaron. Naturalmente
No puede permitirse existir.
Fuera sin ello no puedo permitirme existir. Dentro
(De) la roca negra.

LOVE V

Never looking him in the eye once. All mythology
Is contained in this passage. Never to look him in
    they eye once. His exclusive right to be
Seen. That is the God in the stone
Who barely comes up to expectation.

AMOR V

No mirándolo a los ojos una sola vez. Toda la mitología
Está contenida en este pasaje. No mirarlo a los ojos una
    sola vez. Su derecho exclusivo de ser
Visto. Es el Dios en la piedra
Que desnudo apenas cumple las expectativas.

LOVE VI

Hoot! The piercing screams of the ghosts vanish on
    the horizon
I had come to the wrong place
Tall as a monster the shadow of the rock
    overwhelmed us
Nothing that the stone hears.

AMOR VI

Huu-huu! Los penetrantes gritos de los fantasmas
     se desvanecen en el horizonte
Yo había venido al lugar equivocado
Enorme como un monstruo la sombra de la roca
     nos sobrecogió
Nada que la piedra oye.

LOVE VII

Nothing in the rock hears nothing
The stone, empty as a teacup, tries for comfort,
The sky is filled with stars:
The wax figures of Ganymede, Prometheus, Eros
Hanging.

AMOR VII

Nada en la roca oye nada
La piedra, vacía como una taza de té, busca consuelo,
El cielo está lleno de estrellas:
Las figuras de cera de Ganimedes, Prometeo, Eros
Colgando.

LOVE 8

Love ate the red wheelbarrow.

AMOR 8

Amor se comió la carretilla roja.

THE HOLY GRAIL

(1962)

EL SANTO GRIAL

(1962)

THE BOOK OF GAWAIN

EL LIBRO DE GAWAIN

I.

Tony
To be casual and have the wish to heal
Gawain, I think,
Had that when he saw the sick king squirming
    around like a half-cooked eel on a platter asking
    a riddle maybe only ghostmen could answer
His riddled body. Heal it how?
Gawain no ghostman, guest who could not gather
Anything
There was an easy grail.
Later shot a green knight
In a dead forest
That was an easy answer
No king
No riddle.

I.

Tony
Desapego y cierto deseo de sanar
Gawain, creo yo,
Los tuvo al ver al rey enfermo retorciéndose como
     una anguila medio hervida en una bandeja
     repitiendo un acertijo que acaso únicamente los
     hombres-fantasma pudieran resolver
Su enrevesado cuerpo. Cómo sanarlo?
Gawain no hombre-fantasma, invitado incapaz de
     prestar atención
A las cosas
Cualquiera allí era un grial fácil.
Más tarde se cargó a un caballero verde
En un bosque muerto
Fue una respuesta fácil
Donde no hay rey
No hay acertijo.

2.

In some kind of castle some kind of knight played
    chess with an invisible chessplayer
A maiden, naturally.
You can hear the sound of wood on the board and
    some kind of knight breathing
It was another spoiled quest. George
Said to me that the only thing he thought was
    important in chess was killing the other king. I
    had accused him of lack of imagination.
I talked of fun and imagination but I wondered
    about the nature of poetry since there was some
    kind of knight and an invisible chessplayer and
    they had been playing chess in the Grail Castle.

2.

En una especie de castillo una especie de caballero
    jugaba al ajedrez con un ajedrecista invisible
Una doncella, naturalmente.
Puedes oír el sonido de la madera en el tablero y
    una especie de caballero respirando
Fue otra búsqueda echada a perder. George
Me dijo que para él lo único importante en el
    ajedrez era matar al otro rey. Yo lo había
    acusado de falta de imaginación.
Hablé de entretenimiento y de imaginación pero
    me cuestioné acerca de la naturaleza de la poesía
    puesto que hubo una especie de caballero y un
    ajedrecista invisible y habían estado ambos
    jugando al ajedrez en el Castillo del Grial.

3.

The grail is the opposite of poetry
Fills us up instead of using us as cup the dead drink
    from.
The grail the cup Christ bled into and the cup of
    plenty in Irish mythology
The poem. Opposite. Us. Unfullfilled.
These worlds make the friendliness of human to
    human seem close as cup to lip.
Savage in their pride the beasts pound around the
    forest
Perilous.

3.

El grial es lo opuesto de la poesía
Nos colma en lugar de usarnos como copa de la
    que beben los muertos.
El grial la copa en la que sangró Cristo y
    cornucopia en la mitología irlandesa
El poema. Opuesto. Nosotros. Sin colmar.
Estos mundos hacen que la amabilidad de humano
    a humano parezca estar tan cerca como la copa
    del labio.
Enloquecidas por el orgullo embisten las bestias en
    el bosque
Peligroso.

Everyone is impressed with courage and when he
    fought him he won
Who won?
I'm not sure but one was wearing red armor and
    one black armor
I'm not sure about the colors but they were looking
    for a cup or a poem
Everyone in each of the worlds is impressed with
    courage and I'm not sure if either of them were
    human or that what they were looking for could
    be described as a cup or a poem or why either of
    them fought
They made a loud noise in the forest and the ravens
    gathered in trees and you were almost sure they
    were ravens.

4.

A todo el mundo le impresiona el coraje y cuando
    él combatió contra él venció
Quién venció?
No estoy seguro pero uno llevaba armadura
    roja y uno armadura negra
No estoy seguro de los colores pero andaban
    buscando una copa o un poema
En cada uno de los mundos el coraje impresiona a
    todo el mundo y no sabría decir si eran humanos
    ni si lo que buscaban podría ser descrito como
    una copa o un poema ni por qué cada uno de
    ellos combatió
Causaron gran estruendo en el bosque y los cuervos
    se reunieron en los árboles y tú tuviste casi la
    certeza de que eran cuervos.

5.

On the sea
(There is never an ocean in all Grail legend)
There is a boat.
There is always one lone person on it sailing
Widdershins.
His name is Kate or Bob or Mike or Dora and his
    sex is almost as obscure as his history.
Yet he will be met by a ship of singing women who
    will embalm him with nard and spice and all of
    the hallows
As the ocean
In the far distance.

5.

En el mar
(No hay nunca un océano en toda la leyenda del
   Grial)
Hay una barca.
Hay siempre en ella una persona sola navegando
En sentido contrario a las agujas del reloj.
Su nombre es Kate o Bob o Mike o Dora y su sexo
   casi tan oscuro como su historia.
Pero dará un día con él un barco de mujeres que
   cantando lo embalsamarán con nardo y con
   especias y todas las santificaciones
Como el océano
En la lejanía.

6.

They are still looking for it
Poetry and magic see the world from opposite ends
One cock-forward and the other ass-forward
All over Britain (but what a relief it would be to
    give all this up and find surcease in
somebodyelse's soul and body)
Thus said Merlin
Unwillingly
Who saw through time.

6.

Aún lo están buscando
La poesía y la magia ven el mundo desde extremos
  opuestos
Una en el sentido de la polla y la otra en el del culo
Por toda Britania (pero qué alivio sería olvidarse de
  todo esto y encontrar refugio en alma y cuerpo
  ajenos)
A regañadientes
Así habló Merlín
Que veía a través del tiempo.

7.

Perverse
Turned against the light
The grail they said
Is achieved by steady compromise.
An unending
The prize is there at the bottom of the rainbow —
 follow the invisible markings processwise
I, Gawain, who am no longer human but a legend
 followed the markings
Did
More or less what they asked
My name is now a symbol for shame
I, Gawain, who once was a knight of the Grail in a
 dark forest.

End of Book of Gawain

Perversamente
Plantando cara a la luz
El grial dijeron
Se alcanza por medio de un compromiso firme.
Un no acabar
El premio está allí al final del arcoíris — siga las
    invisibles señales en el sentido del proceso
Yo, Gawain, que no soy humano ya sino una
    leyenda seguí las señales
Hice
Más o menos lo que me pidieron
Mi nombre es hoy un símbolo de la vergüenza
Yo, Gawain, que una vez fui un caballero del Grial
    en un oscuro bosque.

Fin del Libro de Gawain

THE BOOK OF PERCIVAL

EL LIBRO DE PERCEVAL

I.

Fool-
Killer lurks between the branches of every tree
Bird-language.
Fooled by nature, I
Accepted the quest gracefully
Played the fool. Fool-
Killer in the branches waiting.
Left home. Fool-killer left home too. Followed me.
Fool-
Killer thinks that just before the moment I will find
    the grail he will catch me. Poor
Little boy in the forest
Dancing.

Mata-
Locos acecha entre las ramas de cada árbol
Lenguaje de los pájaros.
Engañado por naturaleza, yo
Emprendí la búsqueda con gracia
Asumí el rol de loco. Mata-
Locos en las ramas esperando.
Salí de casa. Mata-locos salió de casa también.
    Empezó a seguirme.
Mata-
Locos piensa que justo antes del momento en que
    yo encuentre el grial podrá atraparme. Pobre
Niño en el bosque
Bailando.

2.

Even the forest felt deserted when he left it. What
    nonsense!
The enormous trees. The lakes with carp in them.
    The wolves and badgers. They
Should feel deserted for a punk kid who has left them?
Even the forest felt deserted. There were no leaves
    dropping or sounds anybody could hear.
The wind met resistance but no noise, the sky
Could not be heard through the water.
Percival
Fool, like badger, pinetree, broken water,
Gone.

2.

Incluso el bosque se sintió desolado cuando él lo
  abandonó. Menudo absurdo!
Los enormes árboles. Los lagos con carpas dentro.
  Los lobos y tejones. Han
de sentirse desolados porque un jodido niño los ha
  abandonado?
Incluso el bosque se sintió desolado. No hubo
  hojas cayendo ni sonidos que alguien pudiera oír.
El viento encontró resistencia pero ningún ruido, el cielo
No se podía oír a través del agua.
Perceval
Insensato, como tejón, pino, agua rota,
Desaparecido.

3.

"Ship of fools," the wise man said to me.
"I used to work in Chicago in a department store,"
    I said to the wise man never knowing that there
    would be a ship
Whose tiny sails, grail bearing
Would have to support me
All the loves of my life
Each impossible choice I had been making. Wave
Upon wave.
"Fool," I could hear them shouting for we were
    becalmed in some impossible harbor
The grail and me
And in impossible armor
The spooks that bent the ship
Forwards and backwards.

"Barco de locos", me dijo el hombre sabio.
"Trabajaba yo en Chicago en unos grandes
    almacenes", le dije yo al hombre sabio sin saber
    que habría un barco
Cuyas diminutas velas, portadoras del grial
Deberían sostenerme
Todos los amores de mi vida
Cada imposible elección que yo fui haciendo. Ola
Tras ola.
"Insensato", podía oírlos gritar porque nos
    habíamos refugiado en una imposible rada
El grial, yo y pertrechados
De imposibles corazas
Los espectros que inclinaban el barco
Adelante y atrás.

4.

If someone doesn't fight me I'll have to wear this armor
All of my life. I look like the Tin Woodsman in the
    Oz Books.
Rusted beyond recognition.
I am, sir, a knight. Puzzled
By the way things go toward me and in back of me.
    And finally into my mouth and head and red blood
O, damn these things that try to maim me
This armor
Fooled
Alive in its
Self.

4.

Si nadie me combate habré de llevar esta armadura
Toda mi vida. Parezco el Hombre de Hojalata de
     los Libros de Oz.
Irreconocible de tan oxidado.
Soy, señor, un caballero. Atónito
me deja el modo en que las cosas van hacia mí y a
     espaldas de mí. Y finalmente penetrando en mi
     boca y cabeza y sangre roja
Oh, malditas estas cosas que intentan mutilarme
Esta armadura
Engañosa–
Mente inducida a vivir
Ensimismada.

The hermit said dance and I danced
I was always meeting hermits on the road
Who said what I was to do and I did it or got angry
    and didn't
Knowing always what was not expected of me.
She electrocuted herself with her own bathwater
I pulled the plug
And there was darkness (the Hermit said)
Deeper than any hallow.

5.

El ermitaño dijo baila y yo bailé
No dejaba de encontrarme con ermitaños yo por
    los caminos
Que decían qué era lo que había de hacer y yo lo
    hacía o me enfadaba y no lo hacía
Sabiendo siempre lo que no se esperaba de mí.
Ella se electrocutó con su propia agua de baño
Yo tiré del enchufé
Y llegó la oscuridad (dijo el Ermitaño)
Más profunda que toda oración.

6.

It was not searching the grail or finding it that
    prompted me
It was playing the fool (Fool-killer along at my back
Playing the fool.)
I knew that the cup or the dish or the knights I
    fought didn't have anything to do with it
Fool-killer and I were fishing in the same ocean
"And at the end of whose line?" I asked him once
    when I met him in my shadow.
"You ask the wrong questions" and at that my
    shadow jumped up and beat itself against a rock,
    "or rather the wrong questions to the wrong person"
At the end of whose line
I now lie
Hanging.

6.

No fue buscar el grial o hallarlo lo que me movió
Fue asumir el rol de loco (Mata-locos a mi espalda
Haciéndose el loco.)
Yo sabía que la copa o el plato o los caballeros que
    combatía no tenían nada que ver con ello
Mata-locos y yo andábamos pescando en el mismo océano
"Y qué línea se llevará el gato al agua?" le pregunté
    una vez que lo encontré en mi sombra.
"Haces preguntas equivocadas" y entonces mi sombra pegó
    un salto y se estrelló contra una roca, "o mejor dicho,
    haces preguntas equivocadas a la persona equivocada"
Al final de cuya línea hoy
Yo
Pendo.

No visible means of support
The Grail hung there like june-berries in October
    or something I had felt and forgotten.
This was a palace and an ocean I was in
A ship that cast its water on the tide
A grail, a real grail. Snark-hungry.
The Grail hung there with the seagulls circling
    round it and the pain of my existence soothed
"Fool," they sang in voices more like angels
    watching
"Fool."

End of Book of Percival

Sin sustento visible

Colgaba ahí el Grial como bayas de junio en pleno
    octubre o algo que yo había sentido y olvidado.

Era un palacio y un océano y yo en él

Un barco echando su agua en la pleamar

Un grial, un verdadero grial. Snark-hambriento.

Colgaba ahí el Grial con las gaviotas describiendo
    círculos a su alrededor y el dolor de mi
    existencia se alivió

"Insensato", cantaron con sus voces como de
    ángeles velando

"Insensato".

Fin del Libro de Perceval

THE BOOK OF LANCELOT

EL LIBRO DE LANCELOT

I.

Tony (another Tony)

All the deer in all the forests of Britain could not
pay for the price of this dish

Lancelot took a chance on this, heard the
adulterous sparrows murmuring in the
adulterous woods

Willing to pay the price of this with his son or his
own body.

More simply, your heavy hands (and all the deer of
Britain) a grail-searcher has need.

I.

Tony (otro Tony)
Todos los ciervos en todos los bosques de Britania
    no podrían pagar el precio de este plato
Lancelot probó suerte, oyó a los adúlteros
    gorriones murmurando en los adúlteros bosques
Dispuesto a pagar el precio con su hijo o su propio
    cuerpo.
Más sencillamente, tus manos férreas (y todos los
    ciervos de Britania) un buscador del grial tiene
    necesidad.

2.

Walking on the beach and you both hear the sound
    the ocean makes.
The sailors at Tarawa, Java, burning oil at their backs
Swimming for dear life.
You say, and he says and meaningless says the
    beach's ocean
Grail at point 029.
In the slick of the thing music
Waves brushing past the beach as if they wanted to
    be human
The sailors screaming.
Walking on the beach, fondly or not fondly, they
    hear the sound the
Ocean makes.

2.

Paseando por la playa y ambos oís el sonido que el
    océano genera.
Los marineros en Tarawa, Java, con fuel ardiendo
    en sus espaldas
Nadando para salvar sus vidas.
Tú dices, y él dice y sin sentido dice en la playa
    el océano
Grial en el punto 029.
En lo oleoso de la cosa música
De olas peinando la playa como si deseasen ser
    seres humanos
Los marineros gritando.
Paseando por la playa, con ternura o sin ternura,
    ellos oyen el sonido que el
Océano genera.

3.

Nobody's stranger than the stranger coming to the
    dinner
He can imitate anything or anybody.
"When they start climbing up the back of the old
    flash" the runner who had simply hit a single
    almost had passed him "It is time to quit. I'll
    never play again."
Almost saw the cup, Lancelot, his eyes so filled with
    tears.

3.

Nadie es más extraño que el extranjero que viene a
     cenar
Puede él imitar cualquier cosa y a cualquiera.
"Cuando empiezan a subirse a la espalda del viejo
     flash" el corredor que simplemente había
     bateado un sencillo ya casi lo había adelantado.
     "Es hora de dejarlo. No volveré a jugar."
Casi vio la copa, Lancelot, sus ojos tan llenos de
     lágrimas.

4.

Love cannot exist between people
Trial balloons. How fated the whole thing is.
It is as if there exists a large beach with no one on it.
Eaches calling each on the paths. Essentially ocean.
You do know Graham how I love you and you love me
But nothing can stop the roar of the tide. The grail,
    not there, becomes a light which is not able to
    be there like a lighthouse or spindrift
No, Graham, neither of us can stop the pulse and
    the beat of it
The roar.

4.

El amor no puede existir entre la gente
Globos sonda. Qué fatalidad todo.
Es como si existiera una vasta playa ahí con nadie
    en ella.
Cada-unos llamando a cada-uno por las sendas.
    Esencialmente océano.
Bien sabes Graham cómo te amo y me amas
Pero nada puede hacer que el gran rugido de la
    marea cese. El grial, en lugar alguno, se
    transforma en una luz incapaz de estar ahí
    como un faro o la espuma
No, Graham, ninguno de nosotros puede hacer
    que cesen su latido y su pulso
El gran rugido.

5.

Lancelot fucked Gwenivere only four times.
He fucked Elaine twenty times
At least. She had a child and died from it.
Hero Lancelot feared the question "what is the
  holy grail?" which nobody asked him.
All the snow on the mountain
It was
For a time
His question to answer.

5.

Lancelot se folló a Ginebra solamente cuatro veces.
A Elaine se la folló veinte veces
Por lo menos. Ella tuvo un hijo y murió de ello.
Lancelot el héroe temía la pregunta "qué es el santo
    grial?" que nadie le hiciera.
Toda la nieve sobre la montaña
Tal fue
Durante un tiempo
Su pregunta por responder.

6.

The Irish have only invented three useful things:
Boston, The Holy Grail, and fairies.
This is not to imply that Boston, The Holy Grail
    and fairies do not exist.
They do and are to be proved in time as much as
    the package of Lucky Strike cigarettes you smoke
    or the village your grandmother came from.
Jack, jokes aside, is very much like entering that forest
Perilous
No place for Lancelot, who has killed more men
Than you I-
Rish will ever see.

6.

El Irlandés solamente ha inventado tres cosas útiles:
Boston, El Santo Grial, y las hadas.
Esto no pretende sugerir que Boston, El Santo Grial
    y las hadas no existen.
Existen y han de ser verificados con el tiempo del
    mismo modo que los Lucky Strike que fumas o
    el pueblo del que venía tu abuela.
Jack, bromas aparte, es como adentrarse en ese bosque
Peligroso
No lugar para Lancelot, que ha matado a más hombres
De los que tú pa-
Yo irlandés podrás ver nunca.

He has all the sense of fun of an orange, Gawain
    once explained to a trusted friend.
His sense of honor is too much barely to carry his body
The horse he rides on (Dada) will never go
    anywhere. Sharp, in the palace, he wanders alone
    among intellectual servants
He sings a song to himself as he goes out to look
    for the thing.
The Grail will no be his
Obviously.

En of Book of Lancelot

Tiene el mismo sentido de la diversión que una
    naranja, le explicaba un día Gawain a un amigo
    de confianza.
Su sentido del honor apenas le permite soportar su
    propio cuerpo
El caballo que monta (Dadá) nunca irá a ninguna
    parte. Mordaz, en el palacio, se pasea a solas
    entre lacayos intelectuales
Se canta a sí mismo una canción cuando sale en
    busca de la cosa.
El Grial no será suyo
Obviamente.

Fin del Libro de Lancelot.

THE BOOK OF GWENIVERE

EL LIBRO DE GINEBRA

I.

Lance, lets figure out where we stand
On the beach of some inland sea which cannot be
    called an ocean
The river in back of us is green.
The river is wet. Down it floats what is not the
    grail-mistress, several magicians and dead
    seagulls. Harp
On the same theme. Play the wild chorus over and
    over again — the music magic
Lady of the Lake I hate you; cannot stand your casual
Way the wind blows. Listen,
I am Gwenivere.

I.

Lance, tratemos de averiguar dónde nos hallamos

En la playa de algún mar interior que no puede ser
    llamado océano

El río a nuestra espalda es verde.

El río es húmedo. Flota corriente abajo en él lo que
    no es la señora del grial, varios magos y gaviotas
    muertas. Harpa

Repitiendo el mismo tema. Toca el salvaje estribillo
    una y otra vez — la magia música

Dama del Lago te odio; no soporto los aires que te das

Según sopla el viento. Escucha,

Soy Ginebra.

2.

The question is pretty simple. I would never have
    been admitted to the Grail Castle but if I had
    been I would have asked it: "Why
Did you admit me to the Grail Castle?" That would
    have stopped him.
I am sick of the invisible world and all its efforts to
    be visible
What eyes
(Yours or mine)
Are worth seeing it
Or, Lance, what eyes (mine and yours) when,
    looking at each other we forget the Grail Castle
    for a moment at least
Make it worth seeing it?

2.

La pregunta es más bien simple. Yo nunca hubiera
   sido admitida en el Castillo del Grial pero si lo
   hubiera sido la habría hecho: "Por qué
Me admitisteis en el Castillo del Grial?" Eso lo
   habría detenido.
Estoy harta del mundo invisible y de todos sus
   esfuerzos por ser visible
Qué ojos
(Los tuyos o los míos)
Son dignos de verlo
O más bien, Lance, qué ojos (los míos y los tuyos)
   cuando, al mirarnos el uno al otro olvidamos el
   Castillo del Grial durante un momento al menos
Hacen que sea algo digno de ver?

3.

Good Friday now. They are saying mass in the
    Grail Castle
The dumb old king
Awaits
The scourge, the vinegar, the lance, for the
    umptiumph time
Not Christ, but a substitute for Christ as Christ was
    a substitute.
You knights go out to tear him from the cross like
    he was a fairy princess turned into a toad
The cup that keeps the blood shed, bled into
Is a hoax, a hole
I see it dis-
Appear.

Viernes Santo hoy. Están diciendo misa en el
    Castillo del Grial
El viejo rey senil
Espera
El flagelo, el vinagre, la lanza, por enésima vez
No Cristo, sino un substituto de Cristo como
    Cristo era un substituto.
Vosotros caballeros id y arrancadlo de la cruz como
    si fuera una princesa hada convertida en sapo
La copa que conserva la sangre derramada,
    sangrada en ella
Es un bulo, un agujero
Yo la veo des-
Aparecer.

4.

What you don't understand are depths and shadows
They grow, Lance, though the sun covers them in a
    single day.
Grails here, grails there, grails tomorrow
A trick of light.
A trick of light streaming from the cup
You say, knowing only the unbent rock
The shells
That have somehow survived their maker.
The depths and shadows are beside all of this, somehow
Returning
Each man to what of him is not bone and skin and
    mortal
The moon
Which is beautiful and shell of the earth
Streaming.

4.

Aquello que no entiendes son abismos y sombras
Crecen, Lance, aunque el sol los recubra en un
    único día.
Griales aquí, griales allá, mañana griales
Una ilusión de la luz.
Una ilusión de la luz manando de la copa
Dices, cuando sólo conoces la indoblegada roca
Las conchas
Que de algún modo han sobrevivido a su hacedor.
Los abismos y las sombras están al margen de todo
    esto, haciendo de algún modo
Que cada hombre
Regrese a aquello que en él no es hueso y piel y mortal
La luna
Que es hermosa y concha de la tierra
Manando.

5.

Sometimes I wonder what you are looking for. The
　　Monday
After Christ died the women came to his tomb and
　　the angel said "What are you looking for?"
A sensible question.
The bloody lance that pierced his side, the scourge,
　　the vinegar had all turned into relics
Why beat a dead horse?
The women, who were no better than they should
　　be, hadn't seen him
If there really was a Christ only
This will happen in the Grail Castle.

5.

A veces me preguntó qué es lo que andáis
    buscando. El Lunes
Tras la muerte de Cristo las mujeres vinieron a su
    tumba y el ángel dijo "Qué buscáis?"
Pregunta sensata.
La sangrienta lanza que horadó su flanco, el flagelo,
    el vinagre se han convertido en reliquias
Por qué azotar un caballo muerto?
Las mujeres, que no eran mejores de lo que debían
    ser, no lo habían visto
Si hubo en verdad un Cristo solamente
Esto ocurrirá en el Castillo del Grial

6.

Boo! I tell you all
Scape-ghosts and half-ghosts
You do not know what is going to appear.
Is going to appear at the proper place like you, Lance
Salt Lake City, New York, Jerusalem, Hell, The
    Celestial City
Winking and changing like a light in some dark
    harbor. Damn
The ghosts of the unbent flame, the pixies, the
    kobalds, the dwarves eating jewels underground,
    the lives that seem to have nothing to do except
    make you have
Adventures.
Naked
I lie in this bed. The spooks
Around me animate themselves.
Boo! Hello!
Lance, the cup is heavy. Drop the cup!

6.

Uuuu! Os digo a todos
Fantasmas expiatorios y chivos fantasmas
Que no tenéis ni idea de lo que va a aparecer.
Va a aparecer en el lugar apropiado como tú, Lance
Salt Lake City, Nueva York, Jerusalén, El Infierno,
    La Ciudad Celeste
Parpadeando y cambiante como una luz en una
    rada oscura. Malditos
Fantasmas de la indoblegada llama, los duendes, los
    trasgos, los enanos comiendo en el subsuelo
    joyas, las vidas que parecen no tener nada que
    hacer sino hacerte vivir
Aventuras.
Desnuda
Yazgo en esta cama. Los espectros
En torno a mí se animan.
Uuuu! Hola!
Lance, pesa mucho la copa. Suéltala!

7.

This teacup Christ bled into. You are so polite, Lance
All your heros are so polite
They would make a cat scream.
I dreamed last night that your body had become a
    gigantic adventure. Wild horses
Could not tear it away from itself.
I
Was the whole earth you were traveling over
Rock, sand, and water.
Christ, and this little teacup
Were always between us.
I was a witch, Lance. My body was not the earth,
    yours not wild horses or what the wild horses
    could not tear
Politely, your body woke me up
And I saw the bent morning.

End of Book of Gwenivere

7.

Esta taza de té en que se desangró Cristo. Eres tan
    cortés, Lance
Todos tus héros son tan corteses
Que harían gritar a un gato.
Anoche soñé que tu cuerpo se había convertido en
    una gigantesca aventura. Unos caballos salvajes
No alcanzaban a arrancarlo de sí mismo.
Yo
Era la tierra toda que tu recorrías
Roca, arena, y agua.
Cristo, y esta tacita de té
Se interponían siempre entre nosotros.
Yo era una bruja, Lance. Mi cuerpo no era la tierra,
    ni el tuyo unos caballos salvajes ni lo que los
    caballos salvajes no alcanzaban a arrancar
Cortésmente, tu cuerpo me despertó
Y yo vi el doblegado amanecer.

Fin del libro de Ginebra.

THE BOOK OF MERLIN

EL LIBRO DE MERLÍN

"Go to jail. Go directly to jail. Do not pass Go. Do
    not collect $200.00."
The naked sound of a body sounds like a trumpet
    through all this horseshit.
You do not go to jail. You stay there unmoved at
    what any physical or metaphysical policemen do.
You behave like Gandhi. Your
Magic will be better than their magic. You await
    that time with hunger.
Strike
Against the real things. The colonial Hengest and Horsa
The invasion of Britain was an invasion of the spirit.

I.

"Ve a la cárcel. Ve directamente a la cárcel. No
    pases por la salida. No cobres los 200.00 $."
El sonido desnudo de un cuerpo suena como una
    trompeta a través de toda esta mierda.
Tú no vas a la cárcel. Te quedas ahí impávido ante
    lo que los policías físicos o metafísicos hacen.
Te comportas como Gandhi. Tu
Magia será mejor que la de ellos. Deseas que el
    momento llegue con avidez. En huelga
De hambre
Contra las cosas reales
Impactándolas. Hengest y Horsa colonizadores
La invasión de Britania fue una invasión del espíritu.

2.

Wohin auf das Auge blicket
Moor und Heide rings herum
Vogelsang uns nicht erquicket
Eichen stehen kahl und krumm.
Lost in the peril of their own adventure
Grail-searchers im Konzentrationslage
A Jew stole the grail the first time
And a jew died into it
That is the history of Britain.
The politics of the world of spooks is as random as
     that of a Mesopotamian kingdom
Merlin (who saw two ways at the least of the river,
     the bed of the river.) Maer-
Chen ausgeschlossen.

2.

Wohin auf das Auge blicket

Moor und Heide rings herum

Vogelsang uns nicht erquicket

Eichen stehen kahl und krumm.

Extraviados en el riesgo de su propia aventura

Buscadores del grial im Konzentrationslage

Un Judío robó el grial la primera vez

Y un judío murió en él

He ahí la historia de Britania.

La política del mundo de los espectros es tan
    aleatoria como la de cualquier reino
    mesopotámico

Merlín (que veía dos caminos en el menor río, el
    lecho del río.) Maer-

Chen ausgeschlossen.

3.

The tower he built himself
From some kind of shell that came from his hide
He pretended that he was a radio station and
    listened to grail-music all day and all night every
    day and every night.
Shut up there by a treachery that was not quite his
    own (he could not remember whose treachery it
    was) he predicted the future of Britain.
The land is hollow, he said, it consists of caves and
    holes so immense that eagles or nightingales
    could not fly in them
Love,
The Grail, he said,
No matter what happened.

3.

La torre la construyó él mismo
A partir de una especie de concha producida por su piel
Pretendía él ser una estación de radio y cada día y
    cada noche se pasaba el día y la noche
    escuchando música grial.
Encerrado allí por una traición que no era la suya
    (no podía recordar quién había traicionado a
    quién) predijo el porvenir de Britania.
La tierra es hueca, dijo, consiste en cuevas y
    agujeros tan inmensos que ni ruiseñores ni
    águilas podrían volar en ellos dando alas a
Amor,
El Grial, dijo,
Pasara lo que pasara.

4.

Otherwise everything was brilliant
Flags loose in the wind. A tournament
For live people. Disengagement as from the throat
    to the loin or the sand to the ocean.
The flags
Of another country.
Flags hover in the breeze
Mary Baker Eddy alone in her attempt
To slake Thursdays. Sereda,
Oh, how chill the hill
Is with the snow on it
What a semblance of
Flags.

4.

Por lo demás todo refulgía
Banderas desatadas al viento. Un torneo
Para gente viva. Desvinculación como de la garganta
    a la entrepierna o de la arena al océano.
Las banderas
De otro país.
Banderas agitándose en la brisa
Mary Baker Eddy a solas en su intento
De saciar la sed de los días. Sereda,
Oh, qué fría es la colina
Recubierta de nieve
Qué fantasmagoría de
Banderas.

5.

Then the thought of Merlin became more than
    imprisoned Merlin
A jail-castle
Was built on these grounds.
Sacco and Vanzetti and Lion-Hearted Richard and
    Dillinger who somehow almost lost the Grail.
    Political prisoners
Political prisoners. Willing to rise from their graves.
"The enemy is in your own country," he wrote that
    when Gawain and Percival and almost
    everybody else was stumbling around after phantoms
There was a Grail but he did not know that
Jailed.

5.

Entonces el pensamiento de Merlín se volvió aún
más que Merlín aprisionado
Un castillo-cárcel
Fue construido en estas tierras sobre tales bases.
Sacco y Vanzetti y Ricardo Corazón de León y
Dillinger que en cierto modo casi extraviaron el
Grial. Prisioneros políticos
Prisioneros políticos. Deseando salir de sus tumbas.
"El enemigo está en tu propio país", escribió
mientras Gawain y Perceval y casi todos los
demás erraban tambaleantes persiguiendo fantasmas
Había un Grial pero él lo ignoraba
Encarcelado.

6.

That's it Clyde, better hit the road farewell
That's it Clyde better hit the road
You're not a frog you're a horny toad. Goodbye,
    farewell, adiós.
The beach reaching its ultimate instant. A path over
    the sand.
And the toadfrog growing enormous in the shadow
    of fogged-in waters. The Lady of the Lakes.
    Monstrous.
This is not the end because like a distant bullet
A ship comes up. I don't see anybody on it. I am Merlin
Imprisoned in a branch of the Grail Castle.

6.

Eso es Clyde, mejor ponerse en ruta e ir a fondo adiós
Eso es Clyde mejor ponerse en ruta e ir a fondo
Tú no eres una rana sino un sapo cachondo. Hasta
    la vista, adiós, goodbye.
La playa alcanzado ya su instante último. Una senda
    sobre la arena.
Y la rana-sapo agigantándose en la sombra de las
    nubladas aguas. La Dama de los Lagos.
    Monstruosa.
No es este el final pues cual bala distante
Se aproxima un barco. No veo a nadie en él. Soy Merlín
Aprisionado en una de las galerías del Castillo del Grial.

7.

"Heimat du bist wieder mein"
Heimat. Heimat ohne Ferne
You are called to the phone.
You are called to the phone to predict what will
    happen to Britain. The great silver towers she
    gave you. What you are in among
You are called to predict the exact island that your
    ancestors came from
Carefully now will there be a Grail or a Bomb
    which tears the heart out of things?
I say there will be no fruit in Britain for seven years
    unless something happens.

End of Book of Merlin

"Heimat du bist wieder mein"
Heimat. Heimat ohne Ferne
Eres llamado al teléfono.
Eres llamado al teléfono para predecir lo que ha de
    ocurrirle a Britania. Las grandes torres plateadas
    que ella te concedió. Lo que eres entre tanto
Eres llamado a predecir la isla exacta desde la que
    llegaron tus ancestros
Cuidadosamente ahora habrá un Grial o una Bomba
    que arrancará de cuajo el corazón de las cosas?
Yo digo que no habrá en Britania ningún fruto
    durante siete años a menos que algo ocurra.

Fin del libro de Merlín.

THE BOOK OF GALAHAD

EL LIBRO DE GALAHAD

Backyards and barnlots
If he only could have stopped talking for a minute
he could have understood the prairies
    of American
Whitman, I mean, not Galahad who were both
    born with the same message in their throats
Contemplating America from Long Island Sound
    or the Grail from purity is foolish, not in a bad
    sense but fool-ish as if words or poetry
    could save you.
The Indians who still walked around the Plains
    were dead and the Grail-searchers were dead
    and neither of them knew it.
Innocent in the wind, the sound of a real bird's voice
In-vented.

Patios y corrales

Si al menos hubiera podido callarse durante un
     minuto habría podido comprender las praderas
     del Americano

Whitman, quiero decir, no Galahad ambos nacidos
     con el mismo mensaje en sus gargantas

Contemplar América desde Long Island Sound o el
     Grial desde la pureza es locura, no en un sentido
     negativo pero lo-cura como si las palabras o la
     poesía pudieran salvarte.

Los Indios que aún andaban por las Llanuras
     estaban muertos y muertos los Buscadores del
     Grial y ni unos ni otros lo sabían.

Inocente en el viento, el sonido de una verdadera
     voz de pájaro

In-ventado.

2.

Galahad was invented by American spies. There is
    no reason to think he existed.
There are agents in the world to whom true and
    false are laughable. Galahad laughed
When he was born because his mother's womb had
    been so funny. He laughed at the feel of being a
    hero.
Pure. For as he laughed the flesh fell off him
And the Grail appeared before him like a flashlight.
Whatever was to be seen
Underneath.

2.

Galahad fue inventado por espías americanos. No
    hay razón para pensar que existió.
Hay agentes en el mundo para quienes verdadero y
    falso son risibles. Galahad rió
Al nacer y es que el vientre de su madre había sido
    tan divertido. Rió al sentir que era un héroe.
Puro. Pues al reír la piel se le fue cayendo a trozos
Y el Grial apareció ante él como una linterna.
Fuese lo que fuese lo que hubiera por ver
Debajo.

"We're off to see the Wizard, the wonderful Wizard
    of Oz,"
Damned Austrailians marching into Greece on a
    fool's errand.
The cup said "Drink me" so we drank
Shrinking or rising in size depending how the
    bullets hit us
Galahad had a clearer vision. Was an SS officer in
    that war or a nervous officer (Albanian, say),
    trying to outline the cup through his glasses.
The Grail lives and hovers
Like bees
Around the camp and their love, their corpses.
    Honey-makers
Damned Austrailians marching into Greece on a
    fool's errand.

3.

"Nos hemos ido a ver al Mago, al maravilloso
   Mago de Oz",
Malditos Austrailianos marchando hacia Grecia en
   una misión de locos.
La copa dijo "Bebedme" de modo que bebimos
Disminuyendo o aumentando de talla según el
   modo en que las balas nos iban alcanzando
Galahad tenía una visión más clara. Fue un oficial
   de las SS en aquella guerra o un oficial nervioso
   (digamos que albanés), tratando de perfilar la
   copa a través de sus gafas.
Vive el Grial y revolotea
Como las abejas
por el campo, en torno a su amor, sus cadáveres.
   Fabricantes de miel
Malditos Austrailianos marchando hacia Grecia en
   una misión de locos.

4.

To drink that hard liquor from the cold bitter cup.
I'll tell you the story. Galahad, bastard son of Elaine
Was the only one allowed to find it. Found it in
such a way that the dead stayed dead, the waste
land stayed a waste land. There were no shoots
from the briers or elm trees.
I'll teach you to love the Ranger Command
To hold a six-shooter and never to run
The brier and elm, not being human endure
The long walk down somebody's half-dream.
Terrible.

Beber ese licor fuerte de la copa amarga y fría.

Voy a contarte la historia. Galahad, hijo bastardo de
    Elaine

Era el único al que le fue permitido encontrarla. La
    encontró de tal modo que los muertos
    permanecieron muertos, baldía la tierra baldía.
    No echaron brotes ni espinos ni olmos.

Yo te enseñaré a amar el Mando de los Rangers

A empuñar un revólver y a no temer

El espino y el olmo, no siendo humanos soportan

La larga marcha a través del semisueño de alguien.
    Terrible.

5.

Transformation then. Becoming not a fool of the
    grail like the others were but an arrow, ground-
    fog that rose up and down marshes, loosing
    whatever soul he had in the shadows
Tears of ivy. The whole lost land coming out to
    meet this soldier
Sole dier in a land of those who had to stay alive,
Cheat of dream
Monster
Causally, ghostlessly
Leaving the story
And the land was the same
The story the same
No hand
Creeping out of the shadows.

Transformación pues. Convirtiéndose no en loco
  del grial como los otros sino en flecha, niebla
  terrestre que se levantó arriba y abajo en los
  pantanos, perdiendo el poco de alma que tenía
  entre las sombras

Lágrimas de hiedra. Toda la tierra perdida saliendo
  a recibir a este soldado

Único sol dado a la muerte en la tierra de aquellos
  que debían seguir vivos,

Ilusión del sueño

Monstruo

Casualmente, desfantasmadamente

Abandonando la historia

Y la tierra era la misma

La historia la misma

Mano alguna

Surgiendo reptil de entre las sombras.

6.

The Grail was merely a cannibal pot
Where some were served and some were not
This Galahad thinks.

The Grail was mainly the upper air
Where men don't fuck and women don't stare
This Galahad thinks.

The Grail's alive as a starling at dawn
That shatters the earth with her noisy song
This Galahad thinks.

But the Grail is there. Like a red balloon
It carries him with it up past the moon
Poor Galahad thinks.

Blood in the stars and food on the ground
The only connection that ever was found
Is what rich Galahad thinks.

6.

El Grial no era más que un perol para caníbales
Donde unos eras servidos y otros no
Piensa este Galahad.

El Grial era ante todo el aire etéreo
Donde no follan los hombres y las mujeres no miran
Piensa este Galahad.

El Grial está vivo como estornino al alba
Sacudiendo a la tierra con su ruidosa canción
Piensa este Galahad.

Pero ahí está el Grial. Como un globo rojo
Se lo lleva en su ascenso más allá de la luna
Piensa el pobre Galahad.

Sangre en las estrellas y comida en el suelo
La única conexión que se ha encontrado
Es lo que piensa el rico Galahad.

7.

The Grail is as common as rats or seaweed
Not lost but misplaced.
Someone searching for a letter that he knows is
    around the house
And finding it, no better for the letter.
The grail-country damp now from a heavy rain
And growing pumpkins or artichokes or cabbage or
    whatever they used to grow before they started
    worrying about the weather. Man
Has finally no place to go but upward: Galahad's
Testament.

End of Book of Galahad

7·

El Grial es tan común como las ratas o las algas marinas
No perdido sino desubicado.
Sabiendo que está en casa pero ignorando dónde
    alguien busca una carta
Y la acaba encontrando, tanto peor para la carta.
El país del grial húmedo ahora con las fuertes lluvias
Y el crecer de calabazas o alcachofas o repollos o lo
    que cultivaran antes que el clima se convirtiera
    para ellos en fuente de preocupación. El hombre
No tiene finalmente a donde ir sino hacia arriba:
    testamento
De Galahad.

Fin del libro de Galahad

THE BOOK OF THE DEATH OF ARTHUR

EL LIBRO DE LA MUERTE DE ARTURO

I.

"He who sells what isn't hisn
Must pay it back or go to prison,"
Jay Gould, Cornelius Vanderbilt, or some other
    imaginary American millionaire
— selling short.
The heart
Is short too
Beats at one and a quarter beats a second or
    something like that. Fools everyone.
I am king
Of a grey city in the history books called Camelot
The door, by no human hand,
Open.

I.

"Quien vende algo que no es suyo
Debe rembolsarlo o ir al trullo",
Jay Gould, Cornelius Vanderbilt, o algún otro
    ilusorio millonario americano
— vendiendo en corto.
El corazón
Es corto también
Late a un latido y cuarto por segundo o algo así.
    Engaña a todo el mundo.
Yo soy rey
De una ciudad gris llamada en los libros de historia
    Camelot
La puerta, por ninguna mano humana,
Abierta.

2.

Marilyn Monroe being attacked by a bottle of
    sleeping pills
Like a bottle of angry hornets
Lance me, she said
Lance her, I did
I don't work there anymore.
The answer-question always the same. I cannot
    remember when I was not a king. The sword in
    the rock is like a children's story told by my mother.
He took her life. And when she floated in on the
    barge or joined the nunnery or appeared dead in
    all the newspapers it was his shame not mine
I was king.

2.

Marilyn Monroe siendo atacada por un frasco de
    somníferos
Como un frasco de avispones coléricos
Lancéame, dijo ella
Lancearla es lo que hice
Yo ya no trabajo allí.
La respuesta-pregunta es siempre la misma. No
    puedo acordarme de cuando no era rey. La
    espada en la roca es como un cuento de niños
    contado por mi madre.
Él le quitó la vida. Y cuando ella llegó flotando en
    la gabarra o ingresó en el convento o apareció
    muerta en todos los periódicos fue para su
    vergüenza no la mía
Yo era rey.

3.

In the episode of le damoissele cacheresse, for
example, one stag, one brachet, and one fay, all
of which properly belong together as the
essentials for the adventures of a single hero, by
a judicious arrangement supply three knights
with difficult tasks, and the maiden herself
wanders off with a different lover.

So here, by means of one hunt and one fairy ship,
three heros are transported to three different
places. When they awake the magic ship has
vanished and sorry adventures await them all.
Not one of them is borne by the boat, as we
should naturally expect, to the love of a fay

Plainly we are dealing with materials distorted from
their original form.

3.

En el episodio de le damoissele cacheresse, por
ejemplo, un ciervo, un perro braco, y un hada,
que en propiedad deberían funcionar juntos
como elementos básicos para las aventuras de
un solo héroe, por medio de una juiciosa trama
proporcionan complicadas tareas a tres
caballeros, y la doncella misma se larga con un
amante diferente.

Así aquí, por medio de una cacería y un barco
encantado, tres héroes son transportados a tres
lugares diferentes. Cuando se despiertan el barco
mágico se ha desvanecido y a todos les esperan
aventuras penosas. Ninguno de ellos es llevado
por la barca, como naturalmente nos cabría
esperar, hacia el amor de un hada

Claramente estamos tratando con un material
distorsionado a partir de su forma original.

4.

The faint call of drums, the little signals
Folks half-true and half-false in a different way than
    we are half-true and half-false
A meal for us there lasts a century.
Out to greet me. I, Arthur
Rex quondam et futurus with a banjo on my knee.
I, Arthur, shouting to my bastard son "It is me you
    are trying to murder!"
Listening to them, they who have problems too
The faint call of   them.

                                   The faint call of
(They would stay in Camelot   The faint call of
        for a hundred years)
Me.

4.

La débil llamada de tambores, las pequeñas señales
Criaturas medio-verdaderas y medio-falsas de un
    modo diferente a como nosotros somos medio-
    verdaderos y medio-falsos
Una cena para nosotros allí dura un siglo.
Saliendo a saludarme. Yo, Arturo
Rex quondam et futurus con un banjo sobre mi rodilla.
Yo, Arturo, gritándole a mi hijo bastardo "Es a mí
    a quien estás intentando asesinar!"
Escuchándolos, a ellos que también tienen problemas
La débil llamada de   ellos.

                    La débil llamada de
(Ellos se quedarían   La débil llamada de
        en Camelot cien años)
Mí.

5.

I have forgotten why the grail was important
Why somebody wants to reach it like a window you
    throw open. Throw open
What would it mean? What knight would fight the
    gorms and cobblies to touch it?
I can remember a lot about the kingdom. The
    peace I was going to establish. The wrong notes,
    the wrong notes, Merlin told me, were going to
    kill me.
Dead on arrival. Avalon has
Supermarkets — where the dead trade bones with the
    dead. Where the heros
Asking nothing

5.

He olvidado por qué el grial era importante
Por qué alguien quiere alcanzarlo como una ventana
    que abres de par en par. De par en par y echando
La casa por ella? Qué caballero estaría dispuesto a
    combatir contra lerdos y aliens para llegar a tocarlo?
Tengo muchos recuerdos del reino. La paz que yo
    iba a establecer. Las notas falsas, las notas falsas,
    me dijo Merlín, iban a acabar matándome.
Muerto al llegar. Avalón tiene
Supermercados — donde los muertos intercambian
    huesos con los muertos. Donde los héros
Pidiendo nada

6.

The blackness remains. It remains even after the
    rich fisherman has done what he can do to
    protect home and mother. It is there like the sun.
Not lost battles or even defeated people
But blackness alive with itself
At the sides of our fires.
At home with us
And a monstrous anti-grail none of those knights
    could have met or invented
As real as tomorrow.
Not the threat of death. They could have
    conquered that. Not even bad magic.
It is a simple hole running from one thing to
    another. No kingdom will be saved.
No rest-
Titution.

6.

La tiniebla persiste. Persiste incluso después de que
    el rico pescador haya hecho lo que podía hacer
    para proteger casa y madre. Está ahí como el sol.
No batallas perdidas ni gentes derrotadas
Sino viva tiniebla ensimismada
Flanqueando nuestros fuegos.
En su hogar entre nosotros
Y un monstruoso anti-grial que ninguno de
    aquellos caballeros hubiera podido encontrar o
    inventar
Tan real como el mañana.
No la amenaza de la muerte. Eso ellos hubieran
    podido superarlo. Ni mala magia siquiera.
Es un simple agujero que va abriéndose paso de
    una cosa a otra. Ningún reino será salvado.
No habrá repos-
ición.

7.

A noise in the head of the prince. A noise that
    travels a long ways
Past chances, broken pieces of lumber,
"Time future," the golden head said,
"Time present. Time past."
And the slumbering apprentice never dared to tell
    the master. A noise.
It annoys me to look at this country. Dead
    branches. Leaves unable even to grimly seize
    their rightful place in the tree of the heart
Annoys me
Arthur, king and future king
A noise in the head of the prince. Something in
    God-language. In spite of all this horseshit, this
    uncomfortable music.

End of Book of the Dead of Arthur

Un ruido en la cabeza del príncipe. Un ruido que va
     propagándose por los caminos
Dejando atrás oportunidades, destrozadas vigas de
     madera,
"Tiempo futuro", dijo la cabeza dorada,
"Tiempo presente. Tiempo pasado."
Y el somnoliento aprendiz nunca osó decírselo al
     maestro. Un ruido.
Me irrita mirar este país. Ramas muertas. Hojas ni
     siquiera capaces de aferrarse al lugar correcto en
     el árbol del corazón
Me irrita
Arturo, rey y futuro rey
Un ruido en la cabeza del príncipe. Algo en
     lenguaje de Dios. Pese a toda esta mierda, esta
     incómoda música.

Fin del Libro de la Muerte de Arturo

GOLEM
(1962)

GÓLEM
(1962)

I.

October 1, 1962

This is an ode to Horace Stoneham and Walter O'Malley
Rottenness.
Who has driven me away from baseball like a fast car. Say
It isn't true Joe.
This is an ode to John Wieners and Auerhahn Press
Who have driven me away from poetry like a fast car. Say
It isn't true Joe. The fix
Has the same place in junkie-talk or real talk
It is the position
They've got you in.
The Giants will have a National League playoff. Duncan
Will read his poems in Seattle.
Money (I forgot the story but the little boy after it all was
    over came up to Shoeless
Joe Jackson) Say it isn't true Joe.

I have seen the best poets and baseball players of
    our generation caught in the complete an
    contemptible whoredom of capitalist society
Jack Johnson
At last shaded the sun from his eyes
                                    A fix

1 de octubre de 1962

Esto es una oda a Horace Stoneham y a Walter O'Malley.
Putrefacción.
Que me ha hecho huir del béisbol como un bólido. Di
Que no es cierto Joe.
Esto es una oda a John Wieners y a la Auerhahn Press
Que me hicieron huir de la poesía como un bólido. Di
Que no es cierto Joe. El pico
De oro gira en la discusión de yonquis y en la sincera
    discusión en torno a un punto fijo
Uno se da maña en alcanzarlo
Y queda atrapado en él.
Los Giants alcanzarán los playoffs de la Liga
    Nacional. Duncan
Leerá sus poemas en Seattle.
El dinero (olvidé la historia pero el chaval cuando
    todo acabó se presentó ante Shoeless
Joe Jackson) Di que no es cierto Joe.

He visto a los mejores poetas y jugadores de béisbol de
    nuestra generación atrapados en la infame y total
    red de prostitución que es la sociedad capitalista
Jack Johnson

You become fixtures like light
Balls. Drug
Habit
Walter O'Malley, Horace Stoneham, do you suppose
    somebody fixed Pindar and the Olympic games?

Acabó cubriéndose los ojos ante el sol

.A fijos

Plazos acabáis colgados de la dorada luz
Como bolas ligeras. Adicción
A la droga
Walter O'Malley, Horace Stoneham, acaso suponéis
que alguien amañó a Píndaro y las Olimpiadas?

2.

Golem, Written the Evening After Yom Kippur

Your life does not count. It is the rules of
    the tribe. No
Your life does not count.
Counting it all does not count. It is the rules
    of the tribe that your life doesn't count.
Numbering it doesn't count. Madness doesn't
    count.
Being mad at the numbers doesn't count.
It is a rule of the tribe (dead as they are)
    told over the dead campfires
That it doesn't count.
That your life doesn't count.
Countess Death give me Some life in this
    little plain we live in from start to finish
Let me slit their throats and smash
    their heads on the
Stone.

Gólem, Escrito al Caer la Noche Tras el Yom Kipur

Tu vida no cuenta. Son las leyes de
    la tribu. No
Tu vida no cuenta.
Contarlo todo no cuenta. Son las leyes
    de la tribu y tu vida no cuenta.
Numerarla no cuenta. La locura no
    cuenta.
Enloquecer ante los números no cuenta.
Es una de las leyes de la tribu (muertos
    como están) recitada en torno a las
    hogueras muertas del campamento
Que no cuenta.
Que tu vida no cuenta.
Condesa Muerte dame Algo de vida en esta
    pequeña llanura en la que vivimos
    de principio a fin
Permíteme degollarlos y aplastar
    sus cráneos sobre la
Piedra.

3.

I met my death walking down Grant Avenue at
     four miles an hour,
She said, "I am your death."
I asked or I sort of asked, "Are you my doom?"
She didn't know Anglo-Saxon so she coyly
     repeated, "Isn't it enough that I am
     your death? What else should bother us?"
"Doom," I said. "Doom means judgement
     in Anglo-Saxon. The Priestess of the
     dead has a face like whey."
Whey is the liquid which is left after they
     spoon off the curds which are good with
     sugar. The dead do not know judgement.
I am writing this against the Great Mother
     that lives in the earth and in mysteries
     I am unable to repeat.
Heros take their doom. I will not face
My death.

3.

Encontré a mi muerte paseando por Grant Avenue
    a cuatro millas por hora,
Ella dijo, "Soy tu muerte."
Yo le pregunté o parecí preguntarle en inglés,
    "Are you my doom?"
Ella no sabía anglosajón de modo que insistió
    con timidez fingida, "Es que no basta acaso
    con que sea tu muerte? Qué más podría
    preocuparnos?"
"Doom", dije yo. "Doom significa juicio
    en anglosajón. La Sacerdotisa de los
    muertos tiene un rostro como de
    suero lácteo."
El suero lácteo es lo que queda después
    de extraer con la cuchara esos grumos
    que están buenos con azúcar. Los muertos
    no conocen el juicio.
Escribo esto contra la Gran Madre,
    que vive en la tierra entre misterios
    que soy incapaz de repetir.
Los héroes asumen su condena. No arrostraré
Mi Muerte.

4.

Everything is fixed to a point.
The death of a poet or a poem is
        fixed to a point. This House, that
Bank account, this Piece of paper
        on the floor. That Light that shines
        there instead of elsewhere.
Appealing to the better nature of
        things. Inventing angels.
Inventing angels. The light that
        that light shone shone there
        instead of elsewhere. Each
        corner of the room fixed in
        an angle to itself.
The death of a poet or a poem or
        a Piece of paper. Things
Fix themselves.

4.

Todo está fijado a un punto.
La muerte de un poeta o un poema están
    fijados a un punto. Esta Casa, aquella
Cuenta bancaria, este Trozo de papel
    en el suelo. Aquella Luz que brilla
    allí y no en otro lugar.
Invocar la más noble naturaleza de
    las cosas. Inventar ángeles.
Inventar ángeles. Lució la luz que
    aquella luz lució allí y no en otro
    lugar. Cada esquina de la habitación
    fijada en un ángulo a sí misma.
La muerte de un poeta o un poema o
    un Trozo de papel. Las cosas
fijan solas su propia solución.

5.

Give up. The Delphic oracle was
    fixed by the Persians. Pindar
Pindar
Was a publicity man for some
    princes. Traded
For a couple of wrestlers and cash,
    Anger
Does not purify.
The very words I write
Do not purify. Are fixed in the
    language evolved by thousands
    of generations of these princes —
    used mainly for commerce
    Meretriciousness.
Wrestler Plato tried to make
    them all into stars. Stars
    are not what they are.
Coining a phrase our words are
Big-fake-twenty-dollar-gold-pieces.

Déjalo. El oráculo de Delfos fue
    amañado por los Persas. Píndaro
Píndaro
Era un publicitario a las órdenes
    de algunos príncipes. Trocado
Por un par de luchadores y un puñado
    de monedas, el Odio
No purifica.
Estas palabras que estoy escribiendo
No purifican. Son fijadas en un lenguaje
    elaborado por miles de generaciones
    de esos príncipes — utilizadas
    principalmente para promover
    la Meretricidad comercial.
El luchador Platón intentó convertirlas
    en estrellas. Las estrellas
    no son lo que son.
Al acuñar una frase nuestras palabras son
Grandes-falsas-monedas-de-oro-de-veinte-dólares.

6.

He died from killing himself.
   His public mask was broken
   because
He no longer had a public mask.
People retrieved his poems
   from wastebaskets. They had
Long hearts.
Oh, what a pain and shame was
   his passing
People returned to their
   business somewhat saddened.

6.

Murió de matarse a sí mismo.
  Su máscara pública estaba rota
  porque
No tenía él ya máscara pública.
La gente rescataba sus poemas
  de las papeleras. Tenían
Largos corazones.
Oh, qué desgracia y qué lástima
  que falleciera
La gente volvió en cierto modo
  entristecida a sus negocios.